日本版401k
確定拠出年金
ガイドブック

石津則昭

山川出版社

はじめに

　確定拠出年金制度では，運用商品として元本確保型（定期預金等）と元本変動型の投資信託等が品揃えされています。加入者は好むと好まざるとにかかわらず，長期にわたって，これらの金融商品を購入することで老後の生活資金を形成していくことになります。しかし，大多数の加入者は，投資知識や投資経験のない給与所得者層であるため，運用商品の選択や積立方針についての容易性が重要であると考えられます。

　そこで，本書は，積立方針を次のように設定します。

　加入時点から数えて10年間という運用期間をあらかじめ定め，毎月1万円を投入するものと仮定します。運用期間中の総投資額である120万円を目標額と定めます。期間の途中でその積立目標額に到達した時点で「成功」と定義し，その時点で運用を直ちに中止し，定期預金等の安全資産に資産を移転させます。そして，第2ステージとして新たな積み立てを始めるものとします。

　シミュレーションにより，120万円に到達する市場別の「成功確率」を求めます。確定拠出年金の加入者にとっては「成功確率」の高い市場を選択することが重要です。そもそも投資信託という金融商品は市場の値動きに連動するように運用されています。数多くある投資信託の商品名に迷うことなく，市場に関する基礎情報を知ることが大事です。

　本書では，分析対象データとして，①TOPIX，②日本債券，③EM（新興国）株式，④世界株式，⑤世界債券，の5市場を取り上げています。確定拠出年金制度では，これらの市場に投資する投資信託が数多く品揃えされているからです。

　過去10年間（2002年1月～2011年12月）での120個の月次収益率と，過去20年間（1992年1月～2011年11月）での240個の月次収益率を使用し，観測期間別に比較分析を行いました。過去10年間だけでは不十分と考えたからです。尚，これらの月次収益率はブルームバーグ情報であり，PWM日本証券株式会社から提供して頂きました。

　また，確定拠出年金の仕組みや運用について理解が深まるように，架空の人物

はじめに

であるA子さんに登場してもらいました。私とA子さん（＝読者を想定しています）の対話によって，より理解が深まるように工夫しています。対話の内容は，私が日頃から確定拠出年金の加入者に対して行っているアドバイス業務の経験を踏まえた内容になっています。

厚生労働省によれば，平成24年6月末現在で，企業型で440万人，個人型で14万人，合計で454万人の確定拠出年金の加入者が登録されています。本書が，加入者の皆様に少しでもお役に立てることを願っています。

本稿の貢献を敢えてあげるとすれば，市場別及びポートフォリオ別の成功確率や天気予報のような確率情報値を確定拠出年金の加入者に与えた点であると考えています。

本書は正しい確率情報値を与えるものではなく，ひとつの目安又は指針を与える試みを行ったにすぎません。もとより過去データに基づくものであり，本稿の結論が未来を約束するものでないことは言うまでもないことです。読者におかれましては，運用結果の責任を私どもが負うことは出来ませんので，本書を参考にしつつご自分の判断で商品選びを行って頂ければと思います。

成功確率を求める手法については補論3を参考にして頂ければと思います。このシミュレーション手法については，平成24年3月に卒業した広島大学の大学院における修士論文がベースとなっています。また，本書のシミュレーション結果は毎月積立型で資産形成を図る，いわゆるドルコスト平均法にも参考になるものです。

確定拠出年金制度の特徴のひとつである個人別管理資産の持ち運び（いわゆるポータビリティ）について，自動移換問題があり，退職後に手続きを行わない加入者が多いことが指摘されています。手続きが煩雑で加入者にとって分かりにくい制度になっているためです。そのため本文第3章で手続きについて説明を行いました。

確定拠出年金制度の改善点について補論2で指摘しました。関係方面から指摘されたものばかりで目新しいものはありませんが，本書では，日米比較を行ったうえで指摘しています。補論1の日米比較についてはアメリカの401k条項につ

はじめに

いて詳しい，私の友人である戸田博之氏に執筆してもらいました。確定拠出年金制度が加入者にとってより使い勝手が良くなるように，所轄官庁において改善してもらいたいと思っています。

　本書で展開されているシミュレーション等の分析は筆者が行ったものです。従ってこれらの分析結果及び主張などについて，思わぬ勘違いや誤りがあった場合，すべて筆者が個人的に責任を負うものです。

　　平成24年9月30日

石津　則昭

確定拠出年金ガイドブック　◎目　次

はじめに

第1部　確定拠出年金の概要 ……………………………………………… 1

第1章　公的年金と確定拠出年金の関係 ………………………… 2
　　1－1　補完関係　　2
　　1－2　積立方式　　4

第2章　制度の概要 ……………………………………………………… 6
　　2－1　用語の整理　　6
　　2－2　企業型の仕組み　　9
　　2－3　個人型の仕組み　　10

第3章　確定拠出年金の特徴 …………………………………………… 12
　　3－1　確定拠出年金のライフプラン上の位置づけ　　12
　　3－2　途中引出が出来ないことの意味　　13
　　3－3　加入者が自己責任で運用する　　16
　　3－4　マッチング拠出について　　19
　　3－5　企業型における事業主の継続教育義務　　22
　　3－6　個人型と企業型のポータビリティ　　24
　　3－7　税制上の優遇措置　　27
　　3－8　企業型における予定利率　　31

第2部　加入者は自分で資産管理する ……………………………… 33

第4章　運用の基礎知識 ………………………………………………… 34
　　4－1　掛け金の配分設定とスイッチングにより資産管理を行う　　34

v

目 次

 4－2 金融商品を知る *38*
  ▷元本確保型商品／*38* 元本変動型商品／*38*
 4－3 運用の対象となる原資産について *43*
  ▷債券とは何か／*43* 債券の種類／*43* 債券の3原則／*44*
  国債とは何か／*45* 長期金利の指標としての国債／*46*
  株式とは何か／*47* 市場全体の値動きを表す指数／*48*
 4－4 リスクについて *50*
  ▷リスクとは月次収益率の変動幅の大きさを示す／*50*
  リスクのない金融商品はない／*52*

第5章　投資信託について　………………………………………………*56*

 5－1 投資信託は市場全体を購入する金融商品 *56*
  ▷キーワードはベンチマーク／*56* アクティブ型とパッシブ型／*58*
 5－2 投資信託のリスク *61*
 5－3 投資信託の構造 *63*
  ▷投資信託は口数という数量で管理される／*63* 投資信託のコスト／*64* 分別管理／*65* 選択問題／*66*

第6章　市場に関する基礎情報を知る……………………………………*68*

 6－1 各市場の月次収益率やリスクを知る *68*
  ▷各市場の月次収益率／*68* リスクとは標準偏差のこと／*71*
  リスクが大きい市場とリスクが小さい市場／*73*
  月次平均収益率が高い市場と低い市場／*73*
  最大収益率より最小収益率が大きい／*74*
 6－2 各市場の相関関係 *74*
 6－3 リスクを低減させる *79*
 6－4 運用方針を立てる *86*
  ▷相場を意識しない運用方針／*86* 目標額の設定／*87*
  商品選びのコツ／*87* 限界を知る／*89*
 6－5 各市場についてシミュレーション結果 *90*

　　　　　▷各市場別の成功確率／90　　10年間投資を続けた場合／96

　6－6　ポートフォリオを考える　　109

　　　　　▷ポートフォリオの成功確率／109　　分析結果の総括／110

　　　　　10年間投資を続けた場合／114

coffee break　アドバイザーの現場では　　119

第3部　手続きについて ……………………………………………… 121

第7章　60歳前に会社を辞めた時 ……………………………………… 122

　7－1　自営業者や無職となった場合　　123

　　　　　▷第1号加入者となって毎月資金を投入する／123

　　　　　運用指図者となる場合／124

　7－2　会社員になった場合　　125

　　　　　▷再就職先が確定拠出年金を導入している場合／125

　　　　　再就職先が確定拠出年金を導入していないが他の企業年金を導入している場合／126

　　　　　再就職先が企業年金を導入していない場合／127

　　　　　第2号加入者となる場合／127　　運用指図者となる場合／129

　7－3　公務員等になった場合または会社員及び公務員の配偶者になった場合　　129

第8章　給付について ……………………………………………………… 132

　8－1　通則　　132

　8－2　老齢給付金　　132

　　　　　▷通算加入者等期間／133　　70歳到達時の支給／133

　　　　　一時金または年金／133

　8－3　障害給付金　　134

　8－4　死亡一時金　　134

目　次

第9章　脱退一時金……………………………………………………………136
　　9－1　個人型の記録会社又は国民年金基金連合会へ請求する　136
　　9－2　企業型の記録会社へ請求する　137
第10章　その他の問題…………………………………………………………139
　　10－1　個人型の運営管理機関の選択　139
　　　　　▷商品について／140　コストについて／140
　　10－2　自動移換　141

coffee break　看護師が転職時に残した言葉　142

補　論……………………………………………………………………………145
　1．日米制度比較　146
　2．制度上の改善項目　152
　3．ブロック・ブートストラップ法によるシミュレーションについて　154
　　　　　▷ブートストラップ法について／154
　　　　　ブロック・ブートストラップ法について／155
　　　　　シミュレーション手順／157
　　　　　ポートフォリオの将来価値$\tilde{X}_k$を求める式の導出／160

【参考資料】　162
【参考文献等】　166

第1部
確定拠出年金の概要

第1章

公的年金と確定拠出年金の関係

1－1　補完関係

　公的年金と確定拠出年金は相互に補う関係(補完関係)にあるといわれています。確定拠出年金法の第1条によれば、「少子高齢化の進展、高齢期の生活の多様化等の社会経済情勢の変化にかんがみ、個人又は事業主が拠出した資金を自己の責任において運用の指図を行い、高齢期においてその結果に基づいた給付を受けることができるようにするため、確定拠出年金について必要な事項を定め、国民の高齢期における所得の確保に係る自主的な努力を支援し、もって公的年金の給付と相まって国民の安定と福祉の向上に寄与することを目的とする」と定めています。

　これまでの企業年金は事業主が運用責任を負うことによって給付額が約束されるという特徴を持っています。しかし、中小零細企業や自営業者に十分普及していないという問題や、転職時の年金資産の移換が十分確保されず、労働移動への対応が困難であるというような問題をかかえていました。そこで、従来型の確定給付型の年金制度に加えて、新たな選択肢として加入者が運用責任を負う確定拠出年金が導入されることになったと説明されています。

　図表1-1によれば、日本の公的年金には3種類あります。自営業者等が加入す

第1章 公的年金と確定拠出年金の関係

る国民年金，企業の従業員が加入する厚生年金，公務員等が加入する共済年金です。基礎年金は国民の皆年金を確保するため財政調整によって設けられている年金です。

　サラリーマンや公務員の専業主婦は65歳になると基礎年金を受け取ることができます。国民年金法上3号被保険者として定義されていますが，国民年金保険料を納めているわけではありません。国民年金に相当する基礎年金が支給されるように厚生年金の制度上で財制調整（財政支援）されているにすぎません。

　公的年金を横断的にみると4階建て構造になっており，1階部分が国民年金，または国民年金と同額の基礎年金部分，2階部分が厚生年金及び公務員等が加入する共済年金，3階部分が厚生年金の上乗せ部分である企業年金，4階部分が自主年金と位置付けることができます。

　本書では確定拠出年金のうち企業型は3階部分の企業年金に該当するものとして位置づけています。図表1-1によれば，企業年金（3階）は，確定拠出（企業型）と確定給付（厚生年金基金を含むものとしています）の2通りあることになります。確定拠出と確定給付の本質的な違いは，確定給付においては事業主が運用責任を負っていますが，確定拠出においては加入者が運用責任を負っている点です。

　確定拠出年金には，国民年金保険の1号被保険者が加入する確定拠出個人型1号（本書では「個人型1号」とし，掛け金を投入する加入者を「1号加入者」，掛け金を投入せず運用指図のみを行うものを運用指図者と呼びます）と厚生年金保険加入者が加入する確定拠出年金個人型2号（以下，本書では「個人型2号」とし，掛け金を投入する加入者を「2号加入者」と呼び，掛け金を投入せず運用指図のみを行うものを運用指図者と呼びます）及び企業が導入する確定拠出年金企業型（以下，本稿では企業型とし，加入者を「企業型加入者」と呼び，掛け金を投入せず運用指図のみを行うものを運用指図者と呼びます）の3通りあります。

　次節以降で詳しく述べますが，企業型加入者となったものは，万が一，転職した時には企業型から2号加入者，もしくは1号加入者へ資産を移換する手続きを行い，原則60歳になるまで，企業型と個人型1号，個人型2号の間で資産（確定拠出年金の口座で個人が管理する年金資産を「個人別管理資産」と呼びます）の持ち運び

第1部　確定拠出年金の概要

図表1-1

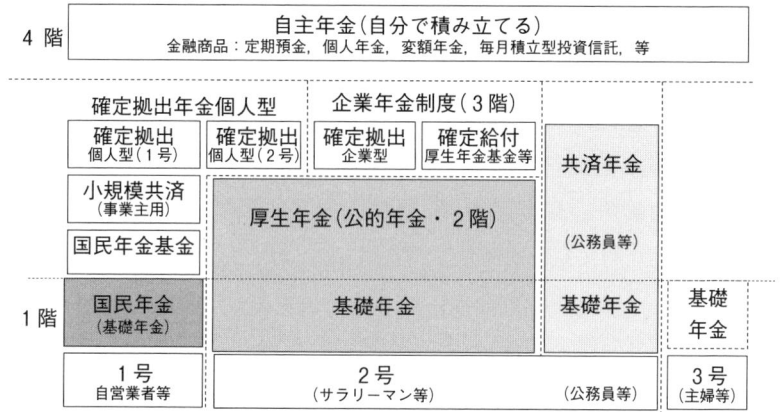

※厚生年金の掛金は事業主と従業員が50％づつ負担している。
※企業年金は全額事業主負担，ただし，確定拠出年金2号型（個人2号型）は全額個人負担である。
※企業年金は積立方式であるが，公的年金（国民年金，厚生年金）は税金投入型社会保険方式である。

石津作成

を行います。この持ち運びのことをポータビリティと呼びます。

1－2　積立方式

　企業年金は積立方式，公的年金は賦課（ふか）方式で年金原資（年金を支払う財源）を確保していると説明されています。賦課方式とは勤労者が保険料（保険税ともいわれている）という形態で支払った資金を，積み立てることなく高齢者の年金として流用される仕組みのことです。一方，積立方式とは，勤労者が若い時から毎月お金を積み立てて運用し，高齢者になった時点で積み立てた資金を取り崩して年金として使用する仕組みです。

　例えば，財政が脆弱な国民年金制度においては賦課方式だけで年金原資を確保できておらず，保険料と同じ額に相当する2分の1が税金で賄われています。税

金の投入は国民年金だけでなく，厚生年金や共済年金にも行われています。従って，公的年金の実態は，賦課方式と税金投入型の混合型といえます。

　賦課方式の問題点は，保険税を納めるべき勤労者が急速に減少し，一方で年金を受け取るべき高齢者層が急速に増大する今日の人口構造では年金原資が確保できないことにあります。対策としては，公的年金の給付を減額するか，勤労者から徴収する保険料を増額させるか，制度を変更するか（例えば，賦課方式から積立方式に徐々に変更するか），税金の投入をどの程度行うか，これらの4つの組み合わせで，年金制度を再構築していかざるを得ないことになります。

　年金債務という観点から公的年金を眺めると，すでに，800兆円を大幅に超える積み立て不足が指摘されており，企業会計の観点からみた場合，実質破たんしていると言われています。（「財政危機と社会保障」鈴木亘，講談社現代新書　140頁）もっとも，国が運営する賦課方式なので積立不足という概念は取られていません。国家権力をもって国民から保険料を徴収し，積立不足額を補てんすれば良いからです。

　このように，今後，公的年金の給付額は不安定に変動することが予想されますので，とりわけ働き盛りの現在の勤労世帯が老後を迎えるとき，もはや公的年金を中心とした老後生活が成立しないかもしれません。今から対策を考えておかなくてはなりません。

　そして，企業年金のうち厚生年金基金は積立不足問題（代行問題，一部の基金は年金資産消失問題）を抱えています。今後，厚生年金基金においては積立不足問題を原因とする減額給付問題が浮上する懸念があります。

　しかし，確定拠出年金は，企業または個人が長期にわたって年金資産を個人別管理資産として積立てる方式ですから，公的年金や厚生年金基金における減額給付問題は起こりません。従って，今後，ますます重要性を帯びてくることが予想されます。

第2章

制度の概要

2－1 用語の整理

ここで，図表1-2において，本書で使われる制度面に関する基礎用語を紹介しておきます。

図表1-2

確定拠出型	確定拠出年金制度を指し，企業が実施主体である企業型と国民年金基金連合会が実施主体である個人型の2通りある。
確定給付型	企業年金のうち，厚生年金基金，確定給付型企業年金，適格退職年金，などの実施企業が運用責任を負う年金制度を指す。特に，厚生年金基金においては積立不足(代行問題)や企業年金消失などの制度上の問題を抱えているため，確定給付型から確定拠出年金制度の企業型へシフトの動きがある。
企業型	確定拠出年金法において，企業が制度を導入し従業員のために掛金を拠出(投入)し，従業員は企業から拠出を受けた資産を自己責任で運用の指図を行う制度。
個人型	確定拠出年金法において，個人が任意に加入し，自ら掛金を拠出し，自己責任で運用の指図を行う制度。実施主体は国民年金基金連合会。

第2章 制度の概要

加入者	確定拠出年金制度において，毎月掛け金を拠出し運用の指図を行っている人
運用指図者	確定拠出年金の口座を持ち，加入者資格を失って，過去に拠出した資金の運用指図のみを行うことが出来る人。加入者資格を持っているが，毎月，掛け金を拠出することを中断し，運用の指図のみを行っている人を含む。
加入者等	加入者と運用指図者の両方を指す。
加入者資格	確定拠出年金制度において加入者になる資格があることを加入者資格があるという。公務員などの共済年金の組合員，第3号被保険者(主婦など)には加入者資格がない。また，厚生年金基金などの確定給付型の企業年金制度が導入されて，確定拠出型が導入されていない企業に勤務する第2号被保険者は加入者資格がない。生活保護を受けている者は加入者資格を失っている。脱退一時金の給付において加入者資格の有無が問題となる。
個人別管理資産	確定拠出年金制度において，加入者等が管理する各個人別の年金資産。
第1号被保険者	国民年金法で位置づけられている被保険者の種別で，満20歳以上60歳未満までの自営業者及びその配偶者，失業者，学生，農業や漁業の従事者。
第2号被保険者	国民年金法で位置づけられている被保険者の種別で，60歳未満の厚生年金保険の被保険者(民間の勤め人)及び共済年金の組合員(国家公務員，地方公務員，私立学校の教職員)が該当する。
第3号被保険者	国民年金法で位置づけられている被保険者の種別で，20歳以上60歳未満の第2号被保険者の被扶養配偶者(主婦など)。
第1号加入者	国民年金法の第1号被保険者であり，個人型確定拠出年金で加入者(毎月掛け金を投入(拠出)し運用の指図を行っている人)である人。
第2号加入者	国民年金法の第2号被保険者のうち厚生年金保険の被保険者であり，個人型確定拠出年金で加入者である人。
運営管理機関	確定拠出年金制度において，加入者等に対して運用商品の選定や運用情報の提供を行う専門の機関。金融機関が金融庁の登録を受けて業務を実施。

第1部　確定拠出年金の概要

記録会社	確定拠出年金制度で，個人別管理資産に関する個人情報を記録し提供する会社で，記録関連運営管理機関と呼ばれている。現在，日本インベスター・ソリューション・アンド・テクノロジー(JIS&T)，日本レコード・キーピング・ネットワーク(NRK)，SBIベネフィット・システムズ，損保ジャパンDC証券(SJDC)，4社が金融庁に登録し業務を行っている。
資産管理機関	確定拠出年金制度で，個人別管理資産を企業や個人から分離して保全管理する専門の機関。信託銀行などの金融機関が業務を行っている。企業や運営管理機関あるいは資産管理機関自体が倒産しても，個人の財産は資産管理機関の本体財産から分離して管理されている。このような資産管理法を分別管理という。因みに，投資信託の資産も分別管理されている。
商品提供機関	銀行は定期預金などの預金商品，保険会社は積立傷害保険や積立生命保険などの保険商品，証券会社は投資信託などの金融商品を確定拠出年金の運用商品として提供している。これらの金融機関を商品提供機関という。
国民年金基金連合会	国基連(こっきれん)と略称される。個人型の実施主体で，国民年金の上乗せ給付(国民年金基金)を行っている政府の外郭団体。国基連(こっきれん)が個人型加入者の申込み手続きや加入者資格審査，および掛金の収納管理などを行い，専門業務を運営管理機関や記録会社，資産管理会社などに業務を委託している。
移換	企業型から個人型へ，または，個人型から企業型へ，確定給付型から確定拠出型へ，個人別管理資産および個人情報記録を移すこと。移換ができることをポータビリティ(持ち運び)があると呼ばれている。尚，確定拠出型から確定給付型への移換は行われていない。
自動移換	企業型実施企業を退職月の翌月から起算して6か月間に，個人型へ個人別管理資産を移換しなかった企業型加入者は，法令上「その他のもの」として扱われる。個人別管理資産が国民年金基金連合会の自動的に移換され，現金による預かり資産として管理される。年金放棄者とも呼ばれている。こんにち，年金放棄者の件数が多く，預かり資産額も増えている。自動移換問題と呼ばれている。

第2章 制度の概要

2−2 ◆ 企業型の仕組み

図表1-3は企業型の各業務関連機関との関係をイメージ化したものです。

図表1-3

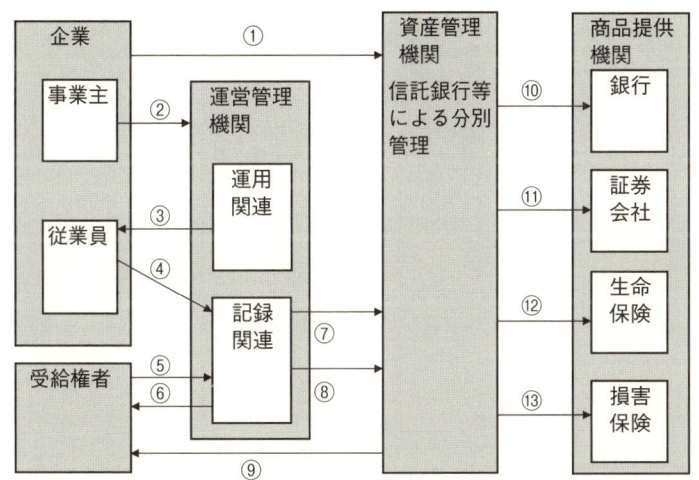

厚労省資料より

①掛金の拠出（事業主拠出・従業員拠出），拠出金限度額は51,000円／月（厚生年金基金等を実施していない場合），25,500円／月（厚生年金基金等を実施している場合）
②事業主は運営管理機関を選定・委託する
③運用商品に関する情報提供を加入者に行う
④個別の運用指図を記録会社に，主にインターネットを通じて行う
⑤給付金の請求
⑥給付金の決定
⑦記録会社から資産管理会社へ運用指図情報を伝達する
⑧給付金の支払い指示
⑨給付金の支払い
⑩〜⑬商品の購入

第1部　確定拠出年金の概要

2−3 ◆ 個人型の仕組み

図表1-4は個人型の各業務関連機関との関係をイメージ化したものです。

図表1-4

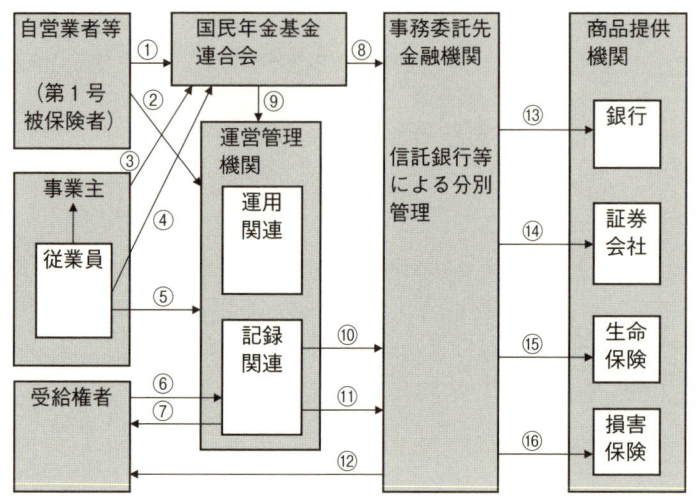

厚労省資料より

①自営業者等が加入の申出，掛け金の拠出。拠出限度額は68,000円／月
②自営業者等が運営管理機関の選定・運用指図を行う
③従業員が掛金の拠出（手続きを事業主が代行する場合がある）限度額は23,000円／月
④従業員が加入申し込み
⑤従業員が運営管理機関を選定，運用指図を行う
⑥給付金の請求
⑦給付金の決定
⑧⑨業務委託
⑩運用指図
⑪給付金の支払い指示

第 2 章　制度の概要

⑫給付金の支払い
⑬〜⑯商品の購入

第3章

確定拠出年金の特徴

3－1 ◆ 確定拠出年金のライフプラン上の位置づけ

　個人の人生設計(これをライフプランと呼びます)で大きなイベントがいくつかあります。一般的に，親元から離れて，職業を得て独立すると結婚します。やがて子供を授かり，子育てを行う。その後，子供の成長とともにマイホーム取得，教育投資(子供を大学等を卒業させる)，マイホーム返済，親の介護と相続，長い老後の生活，と続きます。

　どれひとつとっても大きなイベントです。これらのイベントをうまく切り抜けることは大変な忍耐と苦労を伴います。そして，人生の最終段階に入ると今度は長い老後生活が待っています。いわゆる老後の生活リスクです。老後は働けなくなり，収入がなくなってきますので，老後の生活を支えるのは年金が中心となります。

　年金の中心は何と言っても公的年金です。そして公的年金を補完する役割を担う企業年金であり，最後に貯蓄ということになると思われます。確定拠出年金は老後を迎える60歳になって初めて受け取れる企業年金ですから，老後の生活を支える資金を準備していることになります。

　60歳時点の個人別管理資産が大きければ大きいほど老後の安心感が得られるこ

第3章　確定拠出年金の特徴

とになりますが，反面途中引出しができないため，老後にいたるまでの人生で最も重要なイベントである，結婚による独立，その後の子育て及び子育てを支えるマイホームの取得等の資金としては使えません。さらに，勤め先を辞めて新たに自分で事業を始めたい方にとって，通常であれば自己都合退職金は新規事業が軌道に乗るまでの一時的に生活を支える原資となるのですが，残念ながら独立開業資金としても役に立たないことになります。

退職金制度の支払原資として確定拠出年金を導入しているにもかかわらず，途中引き出しを認めていないため，いわゆる自己都合退職金として受け取ることが出来ません。第4章の手続きで述べますが，確定拠出年金が受け取る方法は，「老齢給付金」「障害給付金」「死亡一時金」「脱退一時金」の4通りです。退職金の観点からは60歳に到達して受け取ることができるいわゆる定年退職金として「老齢給付金」として自分が管理する年金口座から引き出すことが出来る仕組みになっています。途中引出の「脱退一時金」は例外であり，該当要件を厳しく定めています。ライフプラン上，確定拠出年金は老後の生活を支える目的の手段として厳格に位置づけられています。

このような特徴のある確定拠出年金の企業型の加入者を登場させて次節以下で，Q＆A方式で説明を試みてみましょう。

3－2 ● 途中引出が出来ないことの意味

確定拠出年金は60歳になるまで原則途中引出が出来ません。例えば，A子さん（女性としましょう）は高校を卒業して確定拠出年金制度を導入している企業に勤めているものとします。10年勤めて，このたび結婚に伴い退職することになりました。結婚後は，新郎が転勤するに伴い夫の扶養になり夫と一緒に転勤先で新たな新婚生活を開始する予定です。退職金はいくらになるのか気になって，パソコンから確定拠出年金のログイン画面を開き，IDとパスワードを入力して，自分の年金口座を開けてみました。資産残高をみると120万ありました。毎月1万円を10年間で120回ほど勤め先の企業がA子さんのために資金を拠出してくれていま

第1部 確定拠出年金の概要

した。

◇◇

結婚したいので確定拠出年金のお金を引き出して結婚資金や新婚旅行に使いたいのですが，手続きをどうすればよいですか？

A子さんの場合，残念ですが，資金を引き出すことが出来ません。確定拠出年金は原則として60歳まで資金を引き出すことが出来ません。例外として，脱退一時金を受け取ることが出来きますが，A子さんの場合，個人別管理資産が50万円を超えていますので，脱退一時金を受け取る要件を満たしていません。

えー！ 使えないのですか？ 初めて，知りました！ 入社時に説明がありましたか？

入社時に説明が行われています。しかし，お忘れになっているのでしょう。無理もありません。高校を卒業したばかりのA子さんにとって老後の生活資金のお金の話はぴんと来なかったものと思います。結婚，出産，子育て，という新たな人生を今からスタートされるわけです。確定拠出年金は原則として60歳まで引出しが出来ないため，老後の人生をおくるための資金です。いつでも利用できる貯蓄ではなく60歳以降の老後生活を支える年金資産として厳格に位置づけられています。

14

第3章　確定拠出年金の特徴

　退職金だと思っていましたので，会社を辞めたらもらえるものと思っていましたが，違うのですね…。がっかりです。まあ，しかし，今の(公的)年金制度をみていると不安なので老後の資金だと思って割り切れば良いのですね。

　その通りです。60歳まで途中引出が出来ないという意味は，長期間にわたる積立を行って老後の資金を確保させるための措置ですね。退職金の観点から言えば，勤め先の企業を辞めた時点ですぐに現金が支払われる自己都合退職金ではなく，60歳という定年になって初めて受け取れる60歳定年退職金と言えましょう。老後は長い期間続きます。しかも働いて収入を得ることが出来なくなります。大きな資金が必要です。若い時から長期にわたって積立を行うことによってはじめて老後を支えるだけの資金が形成されるというわけです。
　運用面では長期投資における複利効果と呼んでいます。途中引出を安易に行うと複利効果が生まれません。従って，A子さんは，少なくとも60歳まで年金資産の管理を行わなければなりません。但し，いつまでも，ご主人の扶養のままだと新たな積立はできません。120万円の資金の運用のみを続けることになります。A子さんのように運用のみ行う人を「運用指図者」と呼んでいます。確定拠出年金では積立を行うものを「加入者」と称し，積立を行わないものを「運用指図者」と呼びます。

15

第1部　確定拠出年金の概要

> 私は運用のみを行う「運用指図者」ですか？　会社を辞めたらどうすれば良いのですか？　120万円を60歳まで持ち続けるのですか？　今後，新たな積立が出来ないのですか？　いったいどういうことですか？　一度，詳しく説明してください（プンプン！！）。

> 辞める時になってようやく確定拠出年金に向きあいましたね（苦笑！）。やむを得ないことだと思います。では，順次，運用面と手続き面を説明していきましょう。

3－3　加入者が自己責任で運用する

　確定拠出年金企業型の最大の特徴は，加入者が運用責任を負っている点にあります。確定拠出年金以外の企業年金は事業主である企業が運用責任を負っています。代表的な企業年金として厚生年金基金が挙げられます。最近，国会で，厚生年金基金における資金紛失問題が取り上げられました。基金の資産を委託した投資顧問会社の運用失敗により巨額の資金が消失しました。この資金は基金の加入者が老後の生活を支えるための大切な資金です。厚生年金基金は事業主が運用責任を負っているため，運用失敗による資金の消失の穴埋めは事業主が行わなければいけません。基金に参加している中小企業にとって資金繰りを悪化させる要因となり，ある意味，倒産や破産の原因になりかねない，事業存続をかけた大変大きな問題が発生したことになります。

　確定拠出年金を導入している企業はこのような経営リスクが発生する余地がありません。なぜなら，導入企業の義務は毎月従業員のために個人別に資金を拠出（お金を投入することを拠出と呼びます）することにあり，新たな，年金債務は発生し

第3章　確定拠出年金の特徴

ない仕組みになっているからです。確定拠出年金を導入することにより企業における年金債務問題が解決しており，経営リスクが低減します。そのため，近年，導入企業が増えています。厚生労働省によれば平成24年6月末現在で企業型は439.9万人となっています。今後も増えるものと予想されます。

　確定拠出年金企業型を導入した企業は経営リスク低減のメリットを享受する代償として，従業員に対する運用知識の提供義務が課せられています。従業員にとってみれば，従業員の同意のもとで導入された制度とはいうものの，運用責任は自分にあるため，運用知識の取得という新たな課題を負ったことになります。本来，年金は自分の老後を支える手段として非常に重要なものです。事業主の経営リスクを低減する観点から，事業主に協力したことになります。自分から望んで得た制度ではないからといって無関心になってはいけないはずですが，現状は日々の生活が忙しいためか無関心になりやすい。

　従って，加入者が自分で運用できるように事業主側から提供される加入時の説明や，加入者期間における運用知識の取得機会の提供など，工夫に富んだ情報の提供のありかたが求められているはずです。ある意味，「教え方革命」が求められていると言ってよいと思います。また，加入者側の従業員においては，経営リスクの低減の観点から協力したわけですから，事業主に対してわかりやすい投資教育のありかたなどについて自分のために事業主に提案し確立していくべきでしょう。

　一方で，私のように，資産管理のお手伝いをしている立場から見ると，確定拠出年金は金融面の知識を得る最適な機会を提供するものと思えます。国民が金融問題に目覚めるきっかけとなるのではないかと思えます。

　確定拠出年金で加入者が選択する運用商品の中核は，機関投資家や銀行，保険会社，公的年金などと同様に，国債になると思われます。そもそも国債は，安全性，収益性，換金性どれをとっても優れており運用商品の中核といって良いです。また，国債を発行することによって国が成り立っていることを考えると，国債に関する基礎知識は最低限国民が知っておくべきものと言えましょう。このことは，日本に限らず諸外国においても同様です。

第1部　確定拠出年金の概要

今日，日本における財政問題は危機的状況と言われて，消費税の増税問題や税と社会保障の一体改革が行われようとしています。これらは，私たちの生活に直接影響を与えます。

平成24年度国債発行予定額は，新規国債の44.2兆円分を含めて174.2兆円となっています(財務省のホームページより)。この発行水準は当分継続される見込みですが，国債発行は無制限に継続できるはずはありません。国債は私たちの生活に密接に結びついているのです。無関心ではいられないでしょう。

確定拠出年金で用意されている金融商品に「○○日本国債ファンド」と称した国債を運用先としている投資信託が必ず用意されています(仮に，準備されていなかったら迅速に品揃えを行ってください)。国債は経済学では安全資産であり，いわゆる「リスクフリー資産」として位置づけられています。加入者は金融商品の中核たる国債を無視することはできませんので，自分で運用する前提としてそもそも国債となにか，株式とは何か，などの基本知識を身に着ける必要があります。

◇◇

運用は自分で行うということですが，いったい，どうやって運用すれば良いのかさっぱりわかりません。

ハイ，面倒な気持ちになるのは理解できます。ところで，さっぱりわからないと言われましたが，過去10年間で積立金が120万円あります。これはどの商品で運用されていたのですか？　何らかの金融商品を購入されていたはずです。

社会人になったばかりで，世間のことがよくわからない事だらけで，何もせずほったらかしていました。

第3章　確定拠出年金の特徴

> なるほど，入社時の説明を受けたものの，掛け金の設定手続きをまったく行わなかったというわけですね。その場合は，自動的に定期預金を選択したものとみなされます。以後，掛け金の配分手続きを一度も行わなかった加入者は定期預金を毎月購入し続けることになります。A子さんは，入社時以降毎月，定期預金を購入されていたということですね。運用商品として定期預金を自分の意思と責任で選択したことになります。

3－4　マッチング拠出について

図表1-5

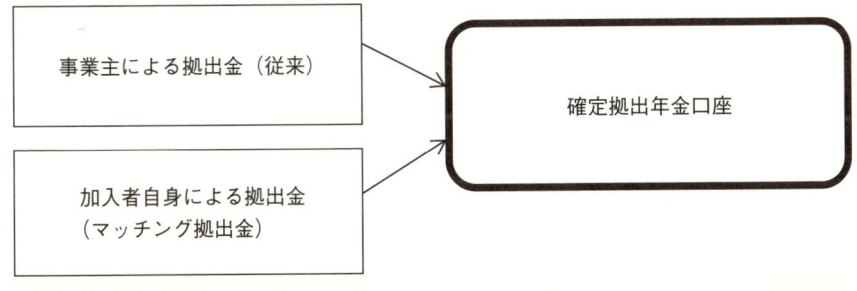

石津作成

　平成24年1月から新しく，マッチング拠出が認められるようになりました。図表1-5によれば，マッチング拠出とは加入者自身が事業主の掛け金を上限として確定拠出年金の口座に自ら資金を投入できる制度です。マッチング拠出された資金をマッチング拠出金と呼んでいます。マッチング拠出を行うかどうかは加入者の任意です。

　通常，マッチング拠出は給与天引きで行われると思われます。

第1部　確定拠出年金の概要

　マッチング拠出金の全額は所得控除となります。所得控除とは節税積立が行うことを意味します。毎年，年末調整事務または確定申告を行うとマッチング拠出金相当額ほど課税所得が圧縮されて所得税が軽減されることになります。

図表1-6

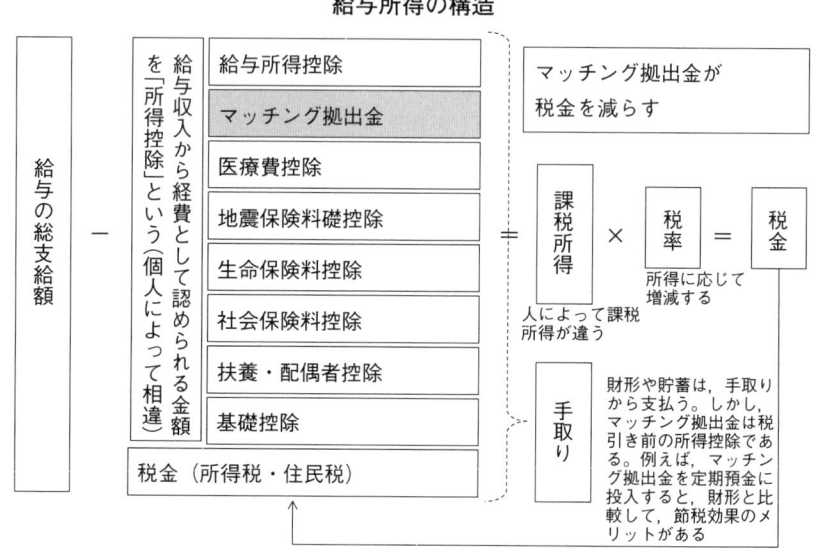

　図表1-6はマッチング拠出金が所得控除に該当することを説明したものです。給与所得者の所得税の納付は事業主が給与所得者に代わって毎月給与から天引きして収めます。これを，源泉所得税といいます。源泉所得税の算出式は給与の総支給額から所得控除を引いた残りの額を課税所得と呼び，この課税所得の額に応じて税率が掛けられて所得税の額が算出されます。マッチング拠出金は図表1-6のとおり課税所得を圧縮する機能を有することになります。マッチング拠出金による税金の軽減効果が図表1-7で示されています。

　何故，このようなマッチング拠出金が認められたのでしょうか。公的年金が不安定なだけに，企業年金を充実させる必要性があるからだと理解できます。

第3章　確定拠出年金の特徴

　マッチング拠出制度は，事業主の掛け金だけでなく，従業員が自ら資金を投入して，双方の協力関係により個人の年金資産形成を行うという画期的な制度と言えます。

図表1-7

マッチング拠出金を行った場合の所得控除の効果

（H22.4.1税制）

課税所得金額が195万円
以下の場合

10,000×12カ月×5％＝ 6,000円
23,000×12カ月×5％＝13,800円
25,500×12カ月×5％＝15,300円

課税所得金額が195万円超
330万円以下の場合

10,000×12カ月×10％＝12,000円
23,000×12カ月×10％＝27,600円
25,500×12カ月×10％＝30,600円

課税所得金額が330万円超
695万円以下の場合

10,000×12カ月×20％＝24,000円
23,000×12カ月×20％＝55,200円
25,500×12カ月×20％＝61,200円

課税所得金額が695万円超
900万円以下の場合

10,000×12カ月×23％＝27,600円
23,000×12カ月×23％＝63,480円
25,500×12カ月×23％＝70,380円

厚生労働省のホームページによる

　会社から資金拠出額と同額まで給与天引きで積み立てが出来て，その金額をマッチング拠出金と呼んで，全額所得控除になるということですね。これは，メリットが大きいですね。私は経理事務部門にいたので，節税積立のメリットは理解できます。しかし，会社を辞めてしまったらマッチング拠出はできませんね。

第1部　確定拠出年金の概要

> そうですね。残念ですが，仕方がないです。もっと，早く導入できればよかったのですが，国会で法案が可決されたのは平成23年の夏ですからね。最近のことです。企業と従業員の双方で積立を行うことが出来るようになったわけですから，資産形成のスピードが速まります。ある意味，画期的な制度であり，若い人にはメリットが大きいので積極的に利用すると良いと思います。

3−5　企業型における事業主の継続教育義務

　事業主が確定拠出年金を導入すると年金債務問題が解決し経営リスクが低減します。法令は事業主に対して，経営リスク低減メリットの代償として従業員に対する制度の知識を含めた投資教育義務を課しています。

　まず，個々の加入者が自己責任で運用するためには，運用に関する情報・知識を有していることが前提となります。従って，事業主においては運用に関する情報・知識の提供を加入者に行う義務があります。これらの義務は重たいものだと厚生労働者は通知を出していますが，罰則規定は設けていません。各企業の自由裁量に任しているのが実態です。

　運用という不確実性に対して従業員はどう対処すればよいのでしょうか。また，事業主側からみると，運用を行ったことがない従業員に対して，どのような投資教育を行えばよいのでしょうか。双方にジレンマがあるのが実態ではないでしょうか。

　分からない，面倒くさい，加入者になりたくない，運用なんてしたくない，という発言が従業員から発せられ，膨大な無関心層が生まれているのが実態ではないでしょうか。これらの心理は単に誤解や知識がないことからくるものだけでは

ないでしょう。もっと，複雑な要因が背後にあると考えるのが自然です。事業主側においては誤解をなくし適切な運用知識を提供する義務があるとはいえ，どのような投資教育を行えば良いのか答えが見つかっていないのが現状でしょう。難しいというひとことで済ますことはできないはずであり，事業主及び従業員側の双方からのアプローチが求められると思われます。

　法令では，資産運用の基礎知識として，資産の運用を行うにあたって留意点（金融商品の仕組みや特徴を十分認識したうえで運用する必要があること），リスクの種類と内容（金利リスク，為替リスク，信用リスク，価格変動リスク，インフレリスク等），リスクとリターンの関係，長期運用の考え方とその効果，分散投資の考え方とその効果，に関する知識の提供をおこなうことと明記されています。

　また，具体的な金融商品にあっては，貯預金，信託商品，債券，株式，保険商品等について，その性格または特徴，その種類，期待できるリターン，考えられるリスク，投資信託，債券，株式等の有価証券や変額保険等については，価格に影響を与える要因等について情報を提供することになっています。

リスクがない金融商品などないと言われますが，投資教育を行うのは会社の義務であり，一方で，投資教育を受ける機会を要求するのは従業員の権利ということですか？

そうなります。従業員は確定拠出年金の投資教育を受ける権利があるのだということを事業主に主張しても良いはずです。従業員から見たメリットのひとつは，運用知識を身に着けることによってお金に対する認識が深まる点にあると言っても良いです。特に，運用商品の中核となるのは国債ですから，確定拠出年金を通

第1部　確定拠出年金の概要

> して国債について知ることは国の財政問題に関する理解を深めるきっかけとなります。A子さんは結婚され一児をもうけた途端に子育てにはいります。子供が成長するとともに子供手当を受けとり，また，保育所，幼稚園，小学校，中学校等と行政サービスを受け取ることになります。これら行政サービスは国の財政によって裏付けられています。国の財政によって生活の枠組みがある程度決まってきます。今までのように無関心ではいられないはずです。

> 国債ですか？　政府は毎年多額の国債を発行していますよね。この，国債を中心に運用するということですか？

> 国債中心というのは一般的な話であり，自分でよく理解されたうえで，自分の責任で商品を選択する必要があります。私ができるのはあくまで知識の提供にすぎません。

3-6　個人型と企業型のポータビリティ

　確定拠出年金の加入者は途中引出ができないために60歳に到達するまでに個人別管理資産を保有し続けます。途中で企業を退職すると，個人別管理資産を個人型確定拠出年金に移し換える作業を行います。その後しばらくして，再度，企業に就職すると企業型に個人別管理資産を移し換えます。もし，再就職先の企業に企業型がない場合には，第2号加入者として引き続き個人型において個人別管理

資産を保有管理します。

このように，個人型と企業型の間を往来させて，60歳まで保有し続けます。この個人別管理資産が行き来することをポータビリティ(持ち運び可能)があると言います。

図表1-8

確定拠出年金には企業型と個人型がある

➢確定拠出年金は企業型と個人型を行ったりきたりする制度
（年金資産の「ポータビリティ」と呼ぶ）

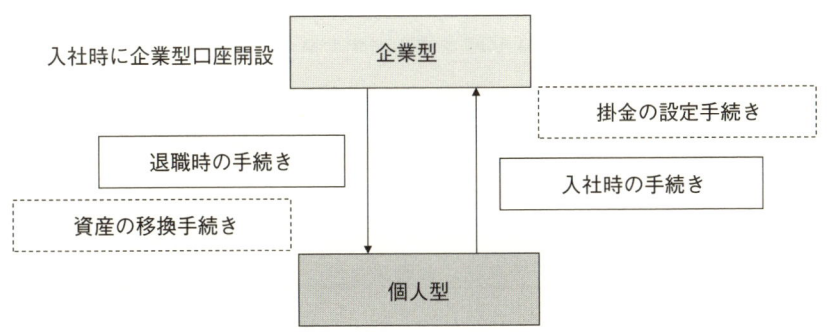

```
入社時に企業型口座開設 ──→ [企業型]
                              ↑    ┊掛金の設定手続き┊
[退職時の手続き]                    [入社時の手続き]
┊資産の移換手続き┊                  ↓
                         [個人型]
```

石津作成

図表1-8で，入社時に企業型の個人別管理資産を形成する口座が開設されます。企業年金ですから口座開設費用は通常は事業主が負担します。このときに，入社時の手続きとして制度の説明や運用についての基礎知識の提供が行われて，掛金の設定手続きを自分で行います。事業主は各自の口座へあらかじめ決められた金額を振り込んでくれます。事業主は行うのはこの金額の振り込みまでです。振り込まれた金額でどの金融商品を購入するかは加入者が決めることになります。

退職時には，企業型から個人型へ資産を移し換える手続きを行います。このとき，確定拠出年金制度を運営する企業を運営管理機関と呼びますが，地方銀行から大手都銀，郵貯銀行及び生損保保険会社，信託銀行，証券会社などほとんどの金融機関が運営管理機関として個人型を展開しています。また，これら多くの運

25

第1部　確定拠出年金の概要

営管理機関から委託を受けて個人別管理資産を記録する会社を，記録関連運営管理機関(記録会社)と呼び，日本では現在4社が記録会社として事業を行っています。従って，退職時にはどの運営管理機関を選択したらよいのかという問題が残ることになります。

◇◇◇

> なるほど，私は個人型へ資産を移し換えないといけないわけですね。

> その通りです。A子さんがすべきことは，自分が有利だと思う個人型運営管理機関を選択すること。そして，選択した金融機関にフリーダイヤルで電話して手続き書類一式を取り寄せ，取り寄せた書類を整えて手続き書類を送付するという手順です。

> ちょっと待って下さい。今回のように石津さんが説明してくれるとよくわかりますが，もし説明を受けずに退職して何も手続きを取らなかったら私はどうなるのですか？

> 良い質問です。A子さんが退職後6か月間に手続きを行わなければ，A子さんの個人別管理資産である120万円は自動的に国民年金基金連合会(略称：国基連，こっきれん)という組織に移し換えられます。以後，わずかですが手数料が発生し，運用されずに現金資産として管理されます。自動移換と呼んでいます。昨今，自動移換件数と保管資産が増えて問題となっています。

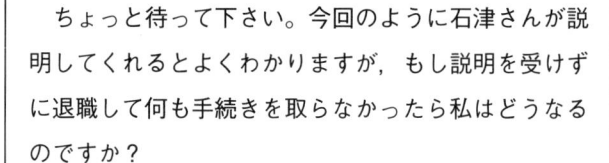

これを，自動移換問題と言います。自動移換した人を年金放棄者と呼ぶことがあります。年金放棄者と言っても自動移換された資産を個人型に移し換えることはいつでも可能です。しかし，年金放棄者にはなりたくないですよね。

年金放棄者にはさすがになりたくないですね。

3－7 ◆ 税制上の優遇措置

　個人型であれ企業型であれ，同じ税制の優遇措置が適用されています。図表1-9は時系列的に説明したものです。掛金を投入するときにはマッチング拠出金と同じで全額所得控除となり節税積立が可能となります。資産運用時に積立資産全体に対して特別法人税がかかりますが，但し2014年3月末まで凍結，とあります。特別法人税の規定が廃止されずに長年残っているのは厚生労働省と財務省との駆け引きの道具として意図的に残されているのではないかと勘繰ってしまいます。縦割りの行政の弊害だと言われても仕方がないです。早急に，廃止すべき規定でしょう。

　確定拠出年金の受取については第3章で説明する予定ですが，60歳時点で年金として受け取る方法と一時金として受け取る方法があります。年金として受け取る場合には，雑所得として公的年金等控除を受けることができますし，一時金として受け取る場合は退職所得として退職所得控除が得られます。例えば，A子さんの事例だと，高校を卒業して就職したので60歳に至るまで42年間の加入者期間があったとします。加入者期間というのは運用指図者期間を除きます。要するに掛け金を投入し続けた期間が加入者期間です。

　20年間×40万円＝　800万円

第1部　確定拠出年金の概要

図表1-9

給与所得の構造

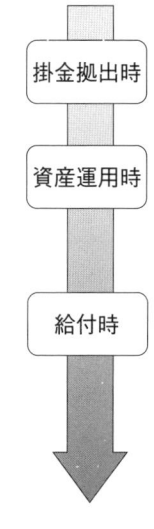

掛金拠出時
掛金は非課税
➤給与とはみなされませんので，掛金部分には税金（所得税，住民税）がかかりません。

資産運用時
運用益も非課税
➤一般の金融商品の利子や配当，分配金，売却益等には税金がかかりますが，
確定拠出年金で運用している場合は，税金がかかりません。（注：積立資産全体に対し，特別法人税がかかります。但し，2014年3月末まで凍結。）

給付時
公的年金等控除，退職所得控除の優遇措置有
【年金受取】
➤公的年金等控除を受けることが出来ます。
【一時金受取】
➤退職所得とみなされ，退職所得控除（40万／年 × 加入期間20年を超えると80万／年）が得られる。
➤他の所得とは分離して税金を計算する為，税金が軽減されます。（注：2011年4月現在）

石津作成

22年間×80万円＝1,760万円

合計　800万円＋1,760万円＝2,560万円

2,560万円の退職所得控除が得られることになり，個人別管理資産が2,560万以下であれば退職所得はゼロとなり，所得税及び住民税は発生しないことになります。

しかし，A子さんのケースでは，主婦となって運用指図者になります。掛金を投入する加入者とはなれませんので，加入者期間が計測されないという問題があります。このあたりは，いわゆる第3号被保険者にも加入者として認めるべきであるという制度改正を提言したいところです。

結局，掛金投入時に節税積立が可能となり，運用期間中に非課税であり，受取時に非課税受取が可能となります。

運用商品の項目で解説しますが，通常，確定拠出年金の運用商品として投資信託が15本から25本の間で用意されています。確定拠出年金の枠組みでこれらの商

品を購入すると申込み手数料がかかりません。通常，金融機関を通して購入すると申込み手数料がかかります。別の見方をすると，これらの申込み手数料の一部が販売手数料として獲得できるため，金融機関は投資信託を販売していると思われます。投資信託の問題点は手数料が高いと言われていますが，確定拠出年では申込み手数料がかからないため，高コストという問題が解消されています。

　強力にお金が貯まる仕組みが準備されています。

> 投資信託は銀行の窓口でのぼりが立っているのが見られます。銀行で投資信託を購入すると申込手数料がかかるのですか。

> 　投資信託の種類にもよりますが通常であれば，投入金額の1％～3％かかります。100万円であれば1万円～3万円ということになります。これらの手数料収入があるから金融機関の営業現場ではノルマを上司から与えられて販売するわけです。確定拠出年金で投資信託を販売する場合は申込手数料が受け取れないため，金融機関は収益を上げにくい構造になっています。俗にいえば，金融機関にとって確定拠出年金はもうからない商品ということになります。
> 　もうからないから積極的に宣伝ができないのかもしれませんね。
> 　広く取り扱われているわりには一般に知られていません。確定拠出年金というのは，身近な存在であり，税制上，コスト上，加入者にとって本来は有利なのです。

第1部　確定拠出年金の概要

> しかし，少額資産であると口座管理料などの維持費であるコストがかかっていますから制度がもつ本来のメリットを享受できません。

> なるほど，そういうことですか。加入者にとってメリットが大きそうですね。感心しました。制度を知ってうまく利用すれば良いのですね。しかし，資金が少ないとコスト割れが起こるということですか。

> その通りです。口座管理料などのコストは通常，個人型で年間5千円〜7千円程度はかかります。A子さんが個人型へ資産を移換した後に，引き続き120万円を元本保証である定期預金で運用するとします。仮に1年定期で0.02％の金利がある場合，240円の利息がつきます。利息に税金がかかりませんから，240円の収益を受け取れますが，口座管理料のコストを吸収できませんね。そのため，120万円の資産が目減りしていきます。口座管理料は120万円から自動的に天引きされる仕組みになっていますから，定期預金という元本確保型商品を選んだために元本割れを起こすことになります。
> 　仮に，国債で運用する投資信託を購入したとすると，今日，1.5％前後の収益が出ていますから120万円×0.015＝18,000円の収益が確保できそうです。少なくとも元本割れは防ぐことができます。

第3章　確定拠出年金の特徴

> 定期預金を選んだら元本割れをするのですか？？　驚きました！　私は今まで定期預金でした。

> 企業型の場合，通常，口座管理料は企業が負担しています。定期預金で運用してもコスト割れは起こしませんね。しかし，退職して個人型に資産を移すと口座管理料は個人別管理資産から自動天引きされ，今日の低金利の下では元本割れを起こします。

> う〜ん，あらためて仕組みを知らないといけませんね。

3−8 ◆ 企業型における予定利率

　企業型においては掛け金を拠出するのは事業主です。掛金の設定については本書の範囲外ですから詳細に述べることはできませんが，一般的に，定額方式，定率方式，ポイント付与方式などがあります。従業員間で不公平にならないように加入条件に制約はあるものの，導入企業は掛金を自由に設定することができるようになっています。

　個々の従業員に対する掛金の金額を決めるため，通常は，モデル賃金に基づき退職金額の給付水準を設定します。そのとき，予定利率を設定して個人別の掛け金を決めています。従って，従業員は事業主が設定した予定利率を上回る運用を行えば給付水準を確保したことになりますが，予定利率を下回る運用を行えば，事業主が想定した受取金額を下回る結果となり，加入者が退職金の給付減額を自ら行ったことと同じ結果になります。

　掛け金の設定手続きの観点から，加入者においては，事業主が設定した予定利

31

第1部　確定拠出年金の概要

率と同等であるかもしくはそれを上回る運用を目指す必要があります。また，60歳に到達して時点で，加入者が受け取る個人別管理資産（＝老齢給付金）が当初の予定利率を確保した金額に到達するように，運用面での情報提供を行うことがアドバイザーの任務となります。

　ところで，確定拠出年金制度の規約は厚生労働省の認可事項となっています。単独型規約と総合型規約の2種類あり，そのうち単独型規約は申請事業主が個別に認可申請したものであり，総合型規約は複数の企業による制度でそのうちの代表企業が認可申請した規約です。単独型，総合型を問わず厚生労働省に認可申請するときには予定利率を報告します。私の知る限り，予定利率は2.0％前後で認可されているようです。

　市場の収益性については第2章で詳しく取り上げますが，2.0％水準というのは，今日，国債の運用収益レベルをやや上回る水準と言って良いでしょう。事業主が想定した退職金の給付水準を確保したいと思えば，加入者は元本変動型商品で運用せざるを得ないことになります。

　金利が低い定期預金（図表2-3の元本確保型商品に掲載されている中央三井定期預金1年ものは平成24年7月1日現在で0.025％が適用されています）で運用した場合，2.0％前後の予定利率を確保することができませんから，定期預金100％で運用している加入者は，自ら，給付減額を選択していると言われても仕方がないと言えましょう。

第2部

加入者は自分で資産管理する

第4章

運用の基礎知識

4−1 ◆ 掛け金の配分設定とスイッチングにより資産管理を行う

　個人型，企業型を問わず確定拠出年金の加入者は2つの方法で資産管理を行います。ひとつめは掛け金の配分設定であり，他はスイッチングと呼ばれる資産入れ替えです。掛け金の配分設定とは，事業主もしくは自分が拠出した資金でどの商品を購入するかを決めることを言います。この商品を選択する行為を運用指図と呼びます。

　図表2-1は，毎月の掛け金が1万円とすると，定期預金に30％(3,000円)，リスクが少ない投資信託Aに50％(5,000円)，リスクが大きい投資信託Bに20％(2,000円)，と配分を決めて，運用指図を行った例を示しています。

　スイッチングとは資産入れ替えることです。加入者となって掛け金を投入し続けると投資信託の残高が時間の経過とともに積み上がってきます。そこで，積み上がった資産を他の資産に移し換えることが出来ます。確定拠出年金では投資信託の申込手数料がかからないために，コストを意識せずに資産の入換えができます。この資産入換え手続きをスイッチングと呼んでいます。

　手続き面からみると，①解約する，②現金化する，③現金化された金額で新た

第4章　運用の基礎知識

図表2-1

運用の指図方法

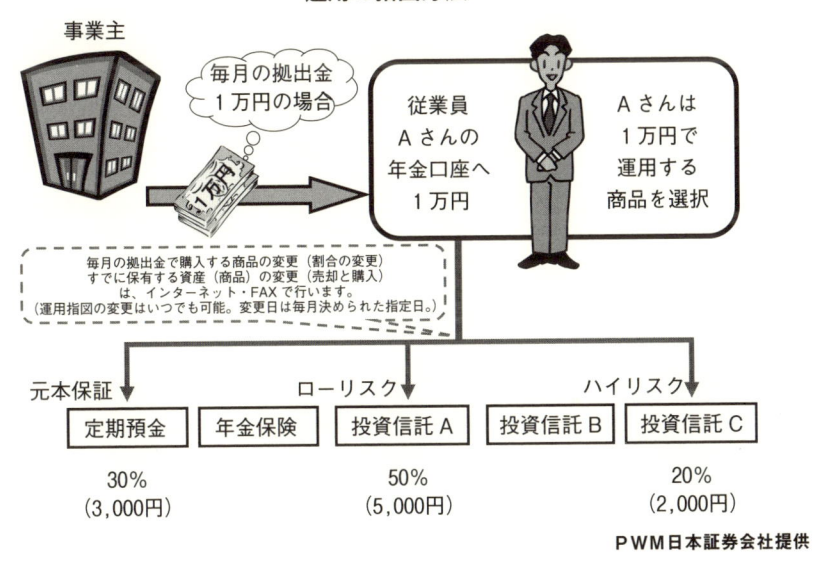

事業主／毎月の拠出金 1万円の場合／従業員Aさんの年金口座へ 1万円／Aさんは1万円で運用する商品を選択

毎月の拠出金で購入する商品の変更（割合の変更）、すでに保有する資産（商品）の変更（売却と購入）は、インターネット・FAXで行います。
（運用指図の変更はいつでも可能。変更日は毎月決められた指定日。）

元本保証		ローリスク	ハイリスク	
定期預金	年金保険	投資信託A	投資信託B	投資信託C
30% （3,000円）		50% （5,000円）	20% （2,000円）	

PWM日本証券会社提供

な資産を購入する、という3段階のステップを踏みます。①解約のステップでは、全部解約するケースと部分解約する2通りの方法で行うことが出来ます。部分解約とは、例えば50％を解約して、残り50％は残しておくという手順を踏むことをいいます。図表2-2はスイッチングのイメージを描いています。一部解約をして現金化させ、投資信託Bと定期預金を購入します。すると、投資信託Aが定期預金、投資信託A、投資信託Bの3つ資産に分かれます。このように自由に資産の組み換えが出来ますので、資産管理が容易に行えるわけです。

第2部 加入者は自分で資産管理する

図表2-2

スイッチングのイメージ

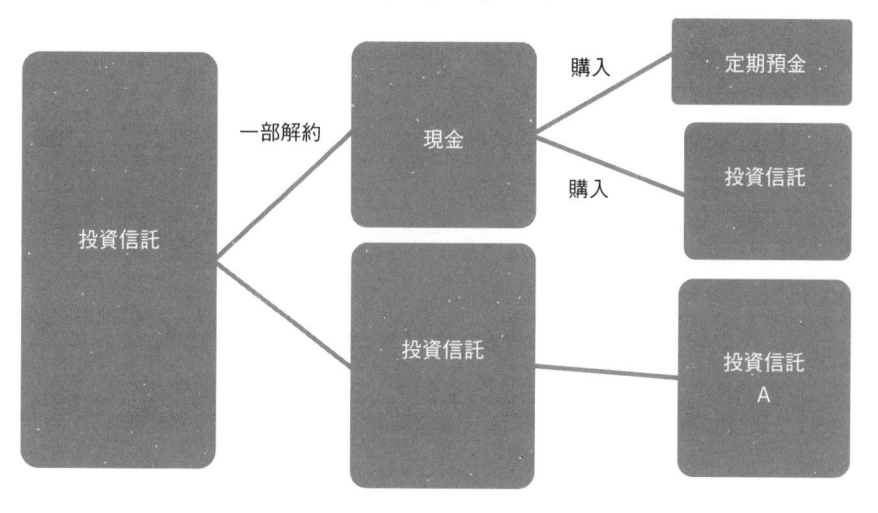

投資信託 ──一部解約── 現金 ──購入── 定期預金
　　　　　　　　　　　　　　 ──購入── 投資信託
　　　　　　　　　　 投資信託 ────── 投資信託A

　私の場合，入社して掛け金の配分設定を行わなかったので，自動的に定期預金が選択されてこの10年間で120万円の定期預金が積み上がったというわけですね。途中で，国債や株式の商品に振り分けることも可能だったわけですか。

　そうですね。後で，リスクの話をしますが，定期預金と国債を比較してどちらが有利なのか，といったことを本当は真剣に考える必要があります。代表的な運用商品が投資信託として品揃えされていますので，株式投資信託と国債投資信託と定期預金については最低限の知識が求められます。運用を自己責任で行うわけ

ですから，投資信託とは何か，また，投資信託という枠組みを通して国債や，株式などを購入することになるので，国債とは何か，株式とは何か，といった基礎知識が必要になります。

株式を購入するとギャンブルするのかと言われそうです。国債とは何か，と言われるとまるで分っていません。

　個人として株の取引を行っている人は株式についてはなじみがあるかもしれませんが，国債となると一般的には縁遠い存在です。しかし，毎日，お昼のニュースで本日の「日経平均は0000円，外国為替は78円を切って000円です，10年国債の金利は0000，…」と経済情報を日々聞いています。なぜ，こうした情報が毎日繰り返し伝えられるのでしょう。それは，私たち国民の生活と強く結びついているからです。国債についても，日本の財政赤字が日々報道され，ついに国債の残高が900兆円を超えたとか，報道されています。私たち，国民は国債に関する知識等について本当は知らないでは済まされないのです。

　確定拠出年金について勉強すると国債などの金融についての基礎知識を知ることができそうですね。ちょうど，良いチャンスかもしれませんね。

第2部　加入者は自分で資産管理する

4-2 ◆ 金融商品を知る

元本確保型商品

　元本確保型商品として定期預金と年金保険が用意されています。定期預金については元本保証ですが、年金保険商品は解約時に解約控除金が課せられますので、一時的に、元本割れを起こすことがあります。しかしながら、商品の性格上、一定期間保有すると元本が確保されますので、元本確保型として分類されています。
　定期預金は銀行が提供し、年金保険は保険会社が提供する金融商品です。通常、加入者から定期預金により調達した資金は事業会社等に融資を行うための資金として利用されます。事業会社への貸付金と定期預金の利息の差額が銀行のもうけとなります。そのため、定期預金は一般的に利率が低いと言われています。年金保険は保険会社が運用しますので、事業貸付が前提となっていません。そのため、利息が定期預金に比べて高いです。しかし、解約時の解約控除金がありますので、解約時の手数料が発生しない定期預金との単純な比較はできません。もっとも、解約控除金は都度変更され、また、保険会社によっても違いがあるようです。
　図表2-3で掲載されている定期預金の金利は、平成24年7月末日現在、中央三井DC定期(1年)が0.025％、ろうきん定期(5年)が0.13％、一方、年金保険の金利は5年物で0.30％です。

元本変動型商品

　元本変動型商品として投資信託が用意されています。通常、委託者と呼ばれる投資顧問会社が有価証券や不動産などの特定資産に対する投資として集合運用し、その成果を資金の出し手にあたる受益者(投資者とも呼ばれる)に分配します。確定拠出年金の加入者は受益者に該当します。集合運用されているため、基金というイメージです。
　投資信託については後ほど詳しく取り上げる予定です。大きなお金のかたまり

第4章　運用の基礎知識

＝基金を設定して，大規模に株式を保有し売買する株式投資信託と国債等の債券を保有し売買する債券投資信託があります。また，債券と株式をあらかじめ保有する混合型投資信託があります。いずれも元本保証ではないため，元本変動型商品として分類されます。

株式については，日本株式を投資先とするものと外国株式を投資先にするものに分かれます。債券についても，国内債券と外国債券に分かれます。

国債や債券，株式を原資産と呼んでいますが，加入者にとって必要な知識は，投資信託の構造，国債を中心とする債券や株式の基礎知識を押さえておくことが出発点となります。

図表2-3は確定拠出年金の商品ラインアップ例です。元本確保型として，定期預金が2本，年金保険が1本，合計3本の金融商品が用意されています。

元本変動型として，国内株式型3本，欧米株式型3本，新興国株式型1本，合わせて7本の株式投資信託が用意されています。また，国内債券3本，欧米債券3本，新興国国債1本の7本の債券投資信託が用意されています。株式と債券を両方保有するバランス型投資信託として1本が用意されています。

図表2-3の事例では合わせて18本の運用商品が用意されており，加入者はこれら18本を使って年金資産を形成していくことになります。運用商品は平成24年4月1日現在のものとされて，適宜，変更可能なものとされています。

商品のラインアップをよく見ると，株式投資信託は日本，欧米，新興国の各株式市場で上場された株式を運用先としているので，全世界の株式投資が可能となっています。また，債券投資信託においても，日本，欧米，新興国などの全世界債券投資が可能となっています。十分な運用商品が用意されていると言って良いでしょう。

第2部　加入者は自分で資産管理する

図表2-3

商品ラインアップ(例)

▶元本確保型(3本)

定期預金(2本)	中央三井DC定期(1年)，ろうきん定期(スーパー型)
年金保険(1本)	第一のつみたて年金(5年)

▶元本変動型(15本)

国内株式(3本)	<u>野村トピックスオープン</u>，フィデリティ・日本成長株ファンド，日本株・アクティブ・セレクト・オープン
欧米株式(3本)	朝日グローバルバリュー，DIAM外国株式オープン，<u>DCダイワ外国株式インデックス</u>
新興国株式(1本)	<u>年金積立インデックスファンド海外新興国(エマージング)株式</u>
国内債券(3本)	DLIBJ公社債オープン(短期コース，中期コース)，<u>野村日本国債インデックスファンド</u>
欧米債券(2本)	グローバル・ボンド・ポート(Dコース，為替ヘッジ無し)，<u>野村外国債券パッシブファンド</u>
欧米債券(1本)	グローバル・ボンド・ポート(Cコース，為替ヘッジ有り)
新興国債券(1本)	<u>年金積立インデックスファンド海外新興国債券</u>
バランス型(1本)	フィデリティ・バランスファンド

※元本変動型のうち，下線の投資信託はコストの安いパッシブ型を示している。
※平成24年4月1日現在。商品ラインップは変更になる場合がございますので，予めご了承下さい。

石津作成

> まるで，関心がなかったのでどのような運用商品があるのか全く知りませんでしたが，説明を聞いてみる

第4章　運用の基礎知識

と，株式，債券についても全世界投資ができるように配慮されているのですね。逆にいうと，これ以上の商品の品ぞろえは不要ということですか？

　昨今は，株式や債券を運用先とする投資信託だけでなく，不動産を保有する不動産投資信託や原油や金など商品を運用先とする商品投資信託があるようです。しかし，基本は何と言っても，株式と債券を投資先とする投資信託が重要でしょう。株式市場や債券市場を資本市場と呼び，巨大な市場を形成しています。国家及び事業体などが大規模に資金を調達できる仕組みがあります。また，これらの資本市場が円滑に機能するように各国の管轄官庁（日本では金融庁）や中央銀行，各取引所等の関連機関により努力がはらわれています。
　定期預金を中心とする元本確保型商品と国債を中心とする債券投資信託，株式に投資する株式投資信託，の3本の組み合わせが基本になると思います。

　定期預金はなじみがありますが，債券とか株式とか個人的に購入したことがないので，ぴんと来ないですね。確定拠出年金が60歳にならないともらえないので，長期にわたる運用になるのは理解できます。しかし，そもそも債券とはなんですか？株式とはなんですか？定期預金だけではだめですか？なぜ，債券投資信託や株式投資信託の組み合わせが基本となるのですか？といったことを説明してもらわないと理解できません。

41

良い質問ですね。このような質問が出るのは自然なことです。債券や株式について基礎知識を得て，各株式市場や債券市場の収益性の比較を行うこと。投資信託についての知識，金融商品におけるリスクを知ること，さらに長期投資や分散投資についての一通りの説明を聞かないと理解することは難しいと言えましょう。順番に説明していくことにしましょう。

私にわかるのかしら？

　言葉に慣れていないため，一度にすべてを理解するのは難しいと思いますが，順番に説明を聞いていけば，少なくともイメージはつかめると思います。国債を中心とする債券は銀行や保険会社，公的年金などが大量に保有しています。例えば，定期預金を選択すると銀行に資金を提供していることになりますが，銀行は提供されて資金の一部は運用に回しますので国債等の購入原資として使われることになります。ところが，国債を投資先とする投資信託を購入すると，国債から生じる，収益性を投資信託という商品の枠組みを通して直接受け取ることができるようになります。また，通常，個人では購入できない外国の優良企業の株式を投資信託という商品を通して保有することが出来きますので，企業の収益性から生じる配当金や企業の成長性から生じる企業価値の増大によるメリット等を享受できます。

> 投資信託という金融商品の存在意義がここにあります。

4－3 ◆ 運用の対象となる原資産について

債券とは何か

　事業体がその事業の遂行のため資金を集めることを資金調達と呼んでいます。通常，3通りの形態によって資金を得ることが出来ます。①債券を発行する，②株式を発行する，③銀行等の金融機関から借りる。債券や株式を有価証券と呼び，有価証券を発行することで資金調達を行うことを直接金融と呼び，銀行などの金融機関から資金を調達することを間接金融と呼んでいます。国の事業を遂行するのに大規模資金が必要とされますが，銀行借り入れなど間接金融で資金を調達することは資金規模の大きさから困難です。そこで，国債と呼ばれる有価証券を発行し資金を調達します。投資家は有価証券を購入することで，資金を提供してその見返りとして有価証券から生じる利息収入などの果実を得ることが出来ます。

　債券は満期になったときに額面を償還（借りたお金を返済すること）する借用証書です。

　利付債の場合は，発行時に決められた利息（クーポン）が定期的（通常，半年に1回）に支払われて，満期になったら額面金額が戻ってきますので，満期まで保有すれば確定した利回りが確保できます。

債券の種類

　債券を発行して資金を調達する事業体を発行元と呼んでいます。発行元には，国，地方公共団体，株式会社などがあります。国が発行する債券を国債と呼んでいます。地方公共団体が発行するもの地方債と呼び，株式会社が発行するものを

第2部　加入者は自分で資産管理する

社債(または事業債)と呼んでいます。このうち圧倒的に発行量が多いのは国債です。従って，国債以外を公社債と呼んでいます。

また，債券は満期によって分類されます。例えば，国債であれば，半年，1年の短期国債から，2年，5年の中期国債，10年の長期国債，20年，30年，40年の超長期国債があります。このうち，10年の長期国債の利回りが金利の指標としての役割を担っています。

通常，確定拠出年金の運用商品として日本国債投資信託(通常，日本国債ファンドと呼ばれており，100%国債で運用している)，と公社債投資信託(国債や公債，社債の3つの原資産で運用している)の2通りの投資信託が用意されています。

債券の3原則

債券は金融商品の中にあって収益性・安全性・流動性の3つのバランスが取れているため，銀行や保険会社，公的年金など長期にわたって大きな資金を運用する機関投資家にとって最適な金融商品になっています。また，確定拠出年金の加入者においても債券は重要な柱となるものです。

図表2-4は，金融商品を購入するときに吟味するときに使います。一般に，収

図表2-4

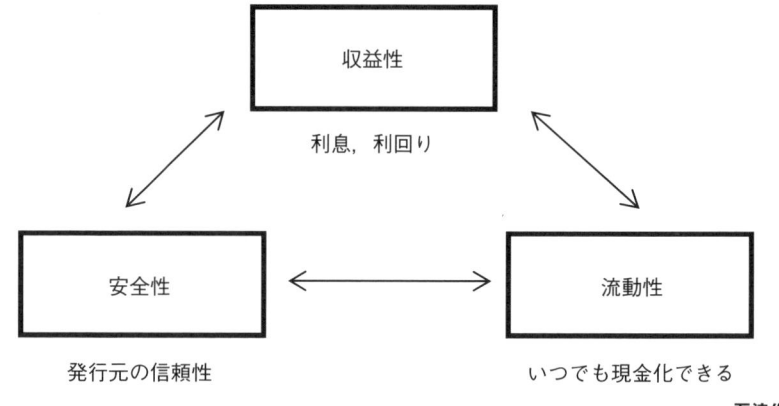

```
              ┌─────────┐
              │  収益性  │
              └─────────┘
              利息，利回り
         ↗              ↖
    ┌─────────┐      ┌─────────┐
    │  安全性  │ ←──→ │  流動性  │
    └─────────┘      └─────────┘
   発行元の信頼性      いつでも現金化できる
```

石津作成

益性のみが強調されますが,安全性や流動性(すぐに現金化できるかどうか,換金性とも呼ばれます)を吟味して購入します。

収益性,流動性,安全性を債券の三原則と呼ばれています。

国債とは何か

国債は金融商品の中核となる金融商品です。国債は国が発行する借用書で,利付債の場合,発行時に決められた利息が定期的に支払われて,満期になったら額面金額が戻ってきますので,満期まで保有すれば確定した利回りが確保できます。

図表2-5は,金融資産の中において,国債が中心に位置づけられていることをイメージ化したものです。株式よりも市場規模は圧倒的に大きいことを知っておくべきです。

2011年には日本の国債の年間売買高は3,685兆円です。同じ年,東京証券取引所の株式売買代金が354兆円ですから,日本の国債市場は株式市場の約10倍の大きさとなっています。

財政赤字で毎年,多額の国債を発行していることが原因です。大規模な市場が形成されていますが,取引が円滑に行われています。大変,厚みのある市場であり,日本の国債市場は,国際社会に誇れるものと思われます。

経済学では,国債をリスクフリー資産(リスクから解放された資産,日本語で言えば「安全資産」)と定義しています。これに対して,株式や原油や金などいわゆる相場を形成し,価格変動が激しい資産をリスク資産(日本語であえて表現すれば「危険資産」になろうかと思います)と呼んでいます。しかし,リスクを危険という言葉に置き換えると一般の方には誤解を与えることになりますので,ここでは,株式をリスク資産,国債をリスクフリー資産と呼ぶことにします。後に,リスクの説明をしますが,リスクとは「危機」という言葉に近く,「危険」(=損をするタイミング)という意味と「機会」(=得をするタイミング)という意味の両方を持った言葉だと理解できます(石野雄一「ざっくり分かるファイナンス」光文書新書2007年 72頁)。

国債は日本の金融資産のなかで最も安全な資産と位置づけられています。国債以外の債券の金利は,国債の金利に上乗せして発行されます。従って,国債が最

第 2 部　加入者は自分で資産管理する

図表2-5

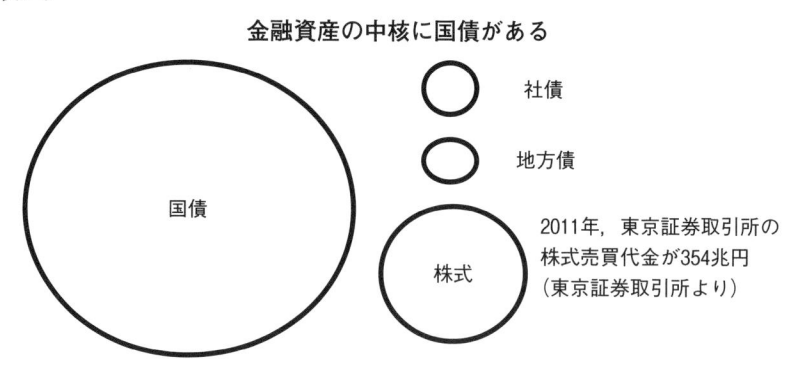

金融資産の中核に国債がある

国債

社債

地方債

株式

2011年，東京証券取引所の株式売買代金が354兆円
（東京証券取引所より）

2011年には日本国債の年間売買高が3,685兆円
（日本証券業協会より）

石津作成

も低い金利として君臨して，その上に，公社債の金利が上乗せされているというイメージです。また，安全性だけでなく，換金性(現金に代わること)などの流動性が優れています。従って，日本の金融機関は銀行に限らず，長期運用を宿命とする生命保険会社なども積極的に国債を購入しています。

　国債については，国の事業を遂行するために資金調達を行うために発行されますが，安全性の高い金融商品としての役割と，さらに長期金利の指標としての役割も担っています。

長期金利の指標としての国債

　国債の重要な役割のひとつに，10年国債の利回りが長期金利の代表としての役割を担っています。住宅ローンなどの金利は長期金利に連動していますので，10年国債の利回りは経済の指標となります。長期金利が低くなれば，住宅ローンも低くなるので，借り換えを検討したり，新規に住宅ローンを組むことを検討したりします。ここで，国債の利回りという言葉が出てきましたが，国債における利回りと利子，利率，などの基礎用語を知ることは重要です。しかし，確定拠出年金の加入者は，国債を投資先とする投資信託という金融商品を購入するので，国

債や債券に関する経済学的な知識を必要以上に深める必要はあまりないと思われます。

◇◇◇◇◇◇◇◇◇◇◇◇◇◇◇◇◇◇◇◇◇◇◇◇◇◇◇◇◇◇◇◇◇◇◇◇◇◇

> いろいろ，債券について説明を受けましたが，銀行や保険会社，厚生年金や国民年金，共済年金などの公的年金の運用は国債中心に行っているということですか？確定拠出年金の運用も国債中心で行えばよいということですか？

> どの商品が良いということは私の立場では言えませんが，長期投資の運用先として生命保険会社などの金融の専門家でさえ国債中心に運用しているので，確定拠出年金の加入者においても運用商品としてのひとつの有力な選択肢となることは間違いありません。定期預金があまりにポピュラーなので，国債と定期預金を比較し理解したうえで定期預金を選択しているかどうか疑わしいと私は思っています。すでに説明しましたが，定期預金100％だと口座管理料などのコストを吸収できず，実質元本割れを起こしていることを，無視してはいけないということ言いたいのです。これについては，運用の基礎情報に関する話を聞いた後に判断してほしいと思います。

株式とは何か

　株式とは，企業が事業に必要な資金を調達するときに発行する有価証券で，購入した投資家は発行会社の持分を所有することになります。債券と違って，借用

書ではないので企業は株主に対して返済する義務はありません。一般的に，企業は株主に対して配当金を支払い，株主のために企業価値を増大させて株式の価値を高める義務を負います。投資家は，企業価値が増大した株式を売却することで譲渡益を得ることが出来ます。反対に，経営に失敗した株式は，企業価値が下がり株式価値が下落し，市場価格で売却したときに譲渡損が生じます。

投資家からみれば，株式を購入するとはその会社に出資していることとおなじことになります。会計処理の観点から言えば，投資家は現金を提供して，資本金を増やす役割を担うことになります。

株式に上場株式と未上場株式の2つがありますが，確定拠出年金で用意された株式投資信託は，上場株式を投資先としていますので，流動性がない(現金化できない)未上場株式について考慮する必要はありません。

市場全体の値動きを表す指数

債券にしろ，株式にしろ，売買が行われる市場が形成されています。株式の場合は，日本においては東京証券取引所で上場された株式が売買されています。一方，債券の場合は，このような明確な取引所市場が存在するのではなく，証券会社や金融機関同士の相対(あいたい)取引で売買が行われています。このような市場を店頭市場と呼ばれています。一般に金融機関同士の取引となっていますので，取引単位が大きく，数百億円から数千億円単位で取引が行われているようです。

国民の目に触れることがありませんので，債券を分かりにくくさせている要因のひとつとなっています。

市場の値動きについては過去データとして実績が指数化されて公表されています。例えば，TOPIXの数値は，日々，東京証券取引所が計算し公表しています。それを各放送局がニュースとして日々報道しています。これらの指数は数多く存在しています。各市場の実績指数を把握し定量化して日々提供することを業務とする金融専門の情報提供会社があります。これらの，情報提供会社から入手した指数をもとに，市場の収益率の比較などが可能となります。

また，公的年金や生命保険会社など運用を専門に行う機関投資家や投資顧問会

第4章　運用の基礎知識

社などは，これらの指数を運用の基準値(ベンチマークと呼んでいる)として積極的に活用しています。投資信託もこれらの指数を基準として運用を行っています。

　従って，運用の基礎情報として，これらの指数を知るということが第一歩になります。しかし，金融業界で働いていない限りこれらの指数を入手することは通常困難であり，収益率の比較などを行うことは，加入者等においては一般的には出来ないことです。確定拠出年金のアドバイザーなどから各市場の指数データや比較情報を聞いて知識を得ることが重要になります。

> 各市場の指数を調べたりすることは私たちには出来っこないです。さっぱりわからないです。

> 　ここが問題で，例えば，投資信託は市場の動きに連動するように運用されていますから，どの市場がどのような収益性をもつのかを知らないと，商品選びが出来ないことになります。市場の動きなどを定期的に公表する仕組みが取られていないから加入者にはわからないということになります。わからないから無関心となります。このような状況を経済学では情報の非対称性があると説明します。情報提供すべき運営管理機関やアドバイザーがもっとしっかりと情報を整理して発信しないといけないと思っています。確定拠出年金においては加入者が自己責任で運用する立場におかれています。情報の非対称性があり，「わからない」ということから膨大な無関心層を生んでいるのではないかと私は考えています。A子さんもその一人でしたね。

第2部　加入者は自分で資産管理する

4-4 ◆ リスクについて

リスクとは月次収益率の変動幅の大きさを示す

　リスクとは何か，もともと日本語ではないため日本人には分かりにくい概念となっています。しかし，加入者にとっては避けて通れない言葉です。リスクを日本語にあえて置き換えると，「危険」という意味ではなく「危機」に近い概念と言えましょう（石野雄一「ざっくり分かるファイナンス」光文書新書2007年　72頁）。危機とは危険な側面（損する可能性）があると同時にチャンス（収益を得る機会がある）が隣り合わせに存在している状態をいいます。リスクが大きいとは，損する可能性が大きいかもしれないが，一方で収益を得る可能性も大きいということを表します。リスクが小さいとは，損する可能性も少ないが，収益を得る可能性も少ないということになります。

図表2-6

金融商品におけるリスクとは何か

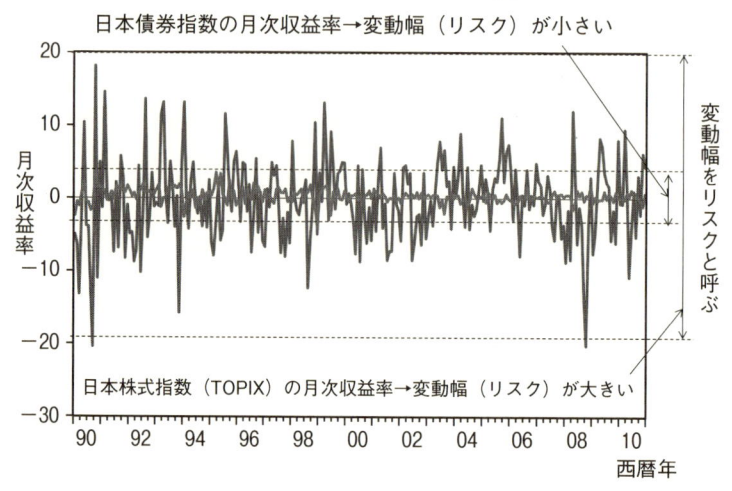

日本債券指数の月次収益率→変動幅（リスク）が小さい

日本株式指数（TOPIX）の月次収益率→変動幅（リスク）が大きい

変動幅をリスクと呼ぶ

石津作成

第4章　運用の基礎知識

　図表2-6は，日本株式指数を表すTOPIXと日本債券指数の月次収益率を過去20年間にさかのぼって測定し，グラフに表したものです。ぎざぎざの大きい線がTOPIXで，ぎざぎざの小さい線が日本債券指数の月次収益率で，金融情報提供会社であるブルームバーク社による情報をPWM日本証券株式会社から提供して頂きました。

　図表2-6によれば，月次収益率の変動幅をリスクと定義すると，変動幅の大きいTOPIXはリスクが大きくて，変動幅の小さい日本債券はリスクが小さいということになります。

　市場全体の月次収益率を一つの商品としてみなすと比較が可能となります。

　確定拠出年金においては商品選びのこつは市場別に月次収益率比較を行うことがスタートとなります。

　図表2-6をみると，縦軸が％表示で，横軸が西暦の下二けたを表しています。日本株式はバブルがはじけた1990年の初頭に，－20％～19％の間で月次収益率が大きく振れています。同様に，2008年のいわゆるリーマンショック後に－20％を記録しています。従って，日本の株式市場の月次収益率は概ね，－20％～20％弱の範囲にあることがわかります。仮に，－20％に落ち込んだ時に株式を購入し，15％に回復した時に売却すると大きな収益が得られますが，反面，15％時に購入して，－20％時に売却すると大きな損失が発生します。このようにリスクが大きいとは，大きな収益を得られる機会がある一方で大きな損失が発生しかねないことを表現しています。逆に，リスクを取らないと収益を得られないことを示しています。

◇◇◇

> 　図表2-6をみると，TOPIXの月次収益率は0％を中心に激しく上下にぎざぎざ模様になっています。日本債券は上下の揺れが少なくかなり安定していますね。ギザギザが小さいです。月次収益率で比較するといわ

れましたが，月次収益率はどうやって計算するのですか？

月次収益率の算出の計算式は，次のとおりです。金融市場の場合は，観測データが指数化されていますので，次のようになります。

$$月次収益率(\%) = \frac{月末の指数 - 月初の指数}{月初の指数} \times 100$$

結局，ひと月の間にどれだけ指数が変化したかをみるものです。市場が拡大すれば指数が大きくなりますから収益率が大きくなりますが，逆に，市場が縮小すれば収益率はマイナスとなります。図表2-6をみると，一目瞭然で，株式はリスクが大きく，債券はリスクが小さいことがわかります。

ふう〜ん。指数から月次収益率はわかるというわけですね。指数を知れば比較が可能となるわけですね。結局，指数はどのような動きになっているのかアドバイザーに聞けば良いわけですね。社長に聞いてもわからんと言われるでしょうね。

リスクのない金融商品はない

　金融商品には一般的に次のようなリスクがあり，これらのリスクを十分認識して運用する必要があると説明されています。
　図表2-7をよく見ると，リスクのない金融商品はないことがわかります。定期預金や保険商品は元本確保型商品ですからリスクはありませんが，インフレリス

クと信用リスクがあると説明されています。

図表2-7

リスク	内　　容	該当金融商品
インフレリスク	物価上昇(インフレ)によって、お金の物やサービスに対する交換価値が下落し、実質的に、金融資産の価値は下落することがある。	定期預金、保険商品
金利リスク	債券は金利が上昇すると債券価格は下落し、金利が下落すると債券価格は上昇する。金利と債券価格の関係は債券価格を求める計算式から判明する。	日本債券、世界債券
信用リスク	取り扱い金融機関や有価証券の発行元にデフォルト(債務不履行)が予想されると当該公有価証券の価格が大幅に下落。実際にデフォルトすると定期預金も全額保護されない。	定期預金、保険商品 日本債券、世界債券 日本株式、世界株式 新興国株式
為替リスク	外国為替相場による外貨建て資産の価格が変動する。円高になると円換算価格が下落し、円安になると円換算価格が上昇する。	世界債券、世界株式 新興国株式
株価変動リスク	株式の価格は発行企業の業績、市場の需給関係、経営不安等で短期的、長期的に大きく下落することがある。	日本株式、世界株式 新興国株式
流動性リスク	有価証券の売買では、買い需要がないために売却することが出来ない、あるいは売り需要がないために購入することができないことがある。そのため、基準価額を低い価額でしか売却・換金できない場合がある。	日本債券、世界債券、日本株式、世界株式 新興国株式

第2部　加入者は自分で資産管理する

| カントリーリスク | 投資対象有価証券の発行国の政治，経済，社会情勢等の変化により，金融市場が混乱し，資産価格が大きく変動することがある。 | 日本債券，世界債券，日本株式，世界株式，新興国株式 |

石津作成

　インフレリスクの典型的な例は，1945年の敗戦後，ハイパーインフレが起こり，日本円の価値が大幅に下落した時期があります。こつこつと保険料を支払い続けた後に，ようやく手にした満期保険金でしたが，まったく欲しい物が買えなくなっていました。戦後のハイパーインフレを体験した高齢者のかたが，満期保険金がまったく役に立たなかったと嘆いておられことを思い出します。インフレリスクによる実質価値の目減りが定期預金や年金保険などの元本確保型商品の弱点です。

　金利と債券価格の関係は債券価格を求める計算式から判明します。詳しくは，巻末の参考文献，久保田博幸「債券と国債のしくみがわかる本」技術評論社2011年8月，を参考にしてください。

　金利とは長期金利を指しますが，景気が上昇する局面では企業活動が活発化（資金需要が高まり金利が上昇）しており株価が上昇します。しかし，景気が下降する局面では企業利益が減少し，株式配当が減少するため株価は下がります。そのため，中央銀行は政策金利を下げる金融調節を，期間1年以下のインターバンク市場と呼ばれる金融機関が参加する資金の運用・取引市場で行います。その結果，金融機関は資金調達を低金利で行えるようになり企業に対して貸出金利を下げることが出来ます。長期金利も影響を受けて下がりはじめ，債券価格が上昇します。

　このように，景気が良い時には株価が上昇し金利も上がって債券価格が下落します。しかし，景気が悪化するときは株価が下がり金利も下がって債券価格は上昇しますので，株式と債券は景気と金利の関係で違った値動きをします。

　信用リスクのうち，定期預金を提供する銀行が倒産した場合，1,000万円と利息部分は預金保険機構により全額保護されますが，1,000万円を超える預金額は

保護されません。ペイオフと言われています。
　カントリーリスクとは，昨今の尖閣問題で中国人の暴動により日本企業が破壊されて操業が一時停止となりましたが，海外でこのような事件が起こることにより，経済活動が縮小するリスクのことを言います。

第5章

投資信託について

5-1 ◆ 投資信託は市場全体を購入する金融商品

キーワードはベンチマーク

　確定拠出年金で用意されている投資信託のうち,「トピックス・インデックス・オープン」(委託会社：野村アセットマネジメント株式会社),「フィデリティ・日本成長株・ファンド」(委託会社：フィデリティ投信株式会社)を選択して,投資信託の基本構造の説明用として取り上げてみましょう。この2つの商品は,日本の株式のみを保有する投資信託であり,確定拠出年金ではよく使われています。誤解があってはいけないので,あえて申しあげますが,この2つの投資信託を購入することを読者の皆様に勧めているわけではありません。過去20年間,日本株式市場全体を表すTOPIX(東証株価指数)の月次収益率の平均値が欧米・新興国市場に比較してマイナスを示しており,収益を上げにくい市場となっているからです。これについては,後に市場別の基礎情報で詳しく取り上げます。

　確定拠出年金に関する資料のなかに運用商品の説明資料(「確定拠出年金向け説明資料」として個別の投資信託に関する内容を記載してある)が含まれています。一度でも開いたことがない人は,私と一緒に開いてみましょう。また,確定拠出年金の

第5章　投資信託について

　運用商品の中で，この2つの投資信託が用意されていない場合は，インターネットで，フィデリティ投資顧問会社，及び野村アセットマネジメント株式会社のホームページから，「運用報告書」をクリックするか，もしくは，他の日本株式ファンドの説明資料を準備して下さい。基本構造はどの投資信託でも同じです。

　また，インターネット操作になれていない方やインターネット環境にアクセスできない方で，これらの運用報告書を取りよせることが出来ない場合は，もよりのアドバイザー等に問い合わせて印刷物として取りよせて頂きたいと思います。

　冒頭に，ファンドの特色という項目があります。「フィデリティ・日本成長株・ファンド」の場合，

　①主な投資対象として国内株式，

　②ベンチマークとして東証株価指数(TOPIX)(配当金込)，

　③目標とする運用成果として長期的にベンチマークを上回る運用成果を上げる
　　ことを目標とします，と記載されています。

　また，「トピックス・インデックス・オープン」においては，

　①主な投資対象として「TOPIX・インデックスマザーファンド」受益証券を主要投資対象とします，

　②ベンチマークとして東証株価指数(TOPIX)，

　③目標とする運用成果として東証株価指数(TOPIX)に連動する投資成果を目指して運用を行います，と記載されています。

　言葉の確認をしておきましょう。金融の世界では，理論と実践はアメリカ中心に発達してきた歴史的背景がありますので，すべて英語で語られていると言って良いと思います。カタカナ表記の多さが，金融に対する一般の日本人の意識を遠ざけている要因の一つかもしれませんが，慣れるまで使い続けましょう。日本語に翻訳するよりも，外来語としてカタカナ表記にした方が便利です。

　キーワードはベンチマークと東証株価指数(TOPIX)です。東証株価指数とは，株式会社東京証券取引所に上場している株式全体の価値を指数として，東京証券取引所が公表しています。ベンチーマークとは，投資信託の運用基準となる市場を表す指数をいいます。

第 2 部　加入者は自分で資産管理する

　例えば，世界株式に投資する投資信託はベンチマークとしてモルガン・スタンレー・キャピタル・インターナショナル・インク(MSCI Inc.)が提供している指数を採用している例が多いです。

　ここで，世界株式市場という現実の市場はありません。現実の市場は，日本であれば東京証券取引所であり，アメリカであればニューヨーク証券取引所，イギリスであればロンドン証券取引所など，各国の金融機関が多く立地している都市に設けられています。これらの市場で上場されている株式を横断的に保有し，任意に保有割合を決めて世界株式市場と位置づけられています。そして，時系列として収益率比較ができるように指数化し定量化する努力が行われています。これを世界株式指数と呼んでいます。おなじように，債券市場においても多くの世界債券指数が公表され実務に使われています。

　後に出ていきますが，これらの日々公表されている市場を表す指数は，公的機関や投資信託などの機関投資家による運用のベンチマークとして採用されています。

アクティブ型とパッシブ型

　「フィデリティ・日本成長株・ファンド」と「トピックス・インデックス・オープン」との本質的な違いは運用方針が異なっていることにあります。前者の運用方針が，特色③で記載されているように，長期的にベンチマークを上回る運用成果を上げるとされているのに対して，後者は，東証株価指数(＝ベンチマーク)に連動する投資成果を目指すとされています。市場の平均値を上回る収益率を目指すか，市場の平均値と同じ収益率をめざすかの違いです。

　ベンチマークを上回るためには，収益性が低い銘柄は売却して，収益率の高い銘柄を絶えず選定して保有する必要があります。銘柄選定という不断の作業が伴います。会社調査を行い会社の基礎データを収集して判断材料とします。このように，専門のアナリストを投入し，手間ひまをかけて銘柄選定を積極的に行う投資信託をアクティブ型(積極運用型)と呼びます。

　これに対して，銘柄選定を積極的に行わない運用方針があり，パッシブ型(消

極運用型)とよばれています。パッシブ型は市場の平均値と同じ収益率を目指すもので、ベンチマークと連動する運用成果を目指します。「トピックス・インデックス・オープン」が典型的なパッシブ型で、インデックスというのは指数を表しますから、トピックスの指数と同じ運用を目指す投資信託ですよ、という意味が名前に込められています。通常、投資信託の商品名で、「○○インデックス…」という言葉が入った名称は、たいてい、パッシブ型で、消極運用している投資信託です。消極運用では市場の構成とおなじ銘柄数と数量を保有しますので、アクティブ型(積極運用型)に比べて、原則として銘柄選定作業に伴う手間が少ない。手間がかからない分コストが落ちます。

ここで、実際に銘柄選定数を確認しておきましょう。再び、「確定拠出年金向け説明資料」に戻り、右下欄をみると、株式組入上位10銘柄の記載があります。

アクティブ型である「フィデリティ・日本成長株・ファンド」では、()カッコ書きで、2012年5月31日現在で、組入銘柄数：200と記されています。これに対して、「トピックス・インデックス・オープン」では、()基準日が平成24年6月29日で、カッコ書きで、組入銘柄数 1,663と記されています。アクティブ型の保有銘柄数の実に8倍以上であり、保有銘柄が上場企業の大半を保有する結果となっています。

> 投資信託は市場全体を購入する金融商品だと説明されましたが、ぴんとこないのですが？そもそも、確定拠出年金の運用商品でなぜ、投資信託が品揃えされているのですか？投資信託は評判がよくないですよ。この間も、私の友達が銀行から勧められた投資信託を購入したのですが、元本が大幅に目減りして、ブーイングでした。

投資信託についてはかなり誤解があります。私は合理的で論理的でとてもよくできた仕組みであると認識しています。元本が目減りしたのは，投資信託という商品が悪いのではなくて，投資信託の運用対象である資産(例えば，株式，国債，外国為替)の収益性が自分の予想以上に悪化したということでしょう。大切なのは，A子さんのお友達が，購入時において商品のリスク(収益率の変動幅，「ぎざぎざ」)をどの程度認識していたかどうかです。投資信託という商品が悪いわけではないと思われます。

　ベンチマークの収益率がいくらあるのか考えて購入したのかしら？ベンチマークという言葉さえ知らないような気がします。私も初めて，ベンチマークという言葉を聞きました。

　後で，説明しますが，投資信託の運用指針であるベンチマークは過去データとして収益率が算出されています。本来は，ベンチマークの収益率を確認して購入すべきなのです。金融機関の店頭で購入しようとしている投資信託のベンチマークは何が使われており，ベンチマークに比較して，勝っているのか負けているのか，今後の予想はどうなのかといったことを確認して，投資信託を購入すべきなのです。
　そして，確定拠出年金の加入者においても，運用が自己責任とされている以上，ベンチマークの収益率の意味を理解して，商品を選択すべきです。ベンチマー

> クという言葉が使えるようになって欲しいと私は願っています。
>
> 　分からないと言って，無関心であってはいけないので，アドバイザーに聞けば良いのです。分からないから聞かないのではなく，分からないことは聞く，または尋ねるという習慣を持ちたいですね。分からないことは尋ねるという習慣が情報の非対称性をなくする契機となります。
>
> 　その積み重ねが大事だと思います。自分の老後の年金がどうなるかという大事なことですからね。

5－2◆　投資信託のリスク

　投資信託のリスクには，市場リスクがあり個別リスクは除去されていると説明することがあります。

　個別リスクは，銘柄固有のリスクのことです。東京電力の株価推移を例にとると，福島第一原発の事故発生日（2012年3月11日）の前日の終値は1株あたり2,121円でした。事故から1年と半年経過した今日，2012年9月18日の終値は1株あたり133円になっています。事故により東京電力の株価は16分の1に下落しました。原発事故という東京電力の固有のリスクが発覚して，株価が下落しました。一方で，市場全体の株価指標のひとつである日経平均株価の事故発生日の終値は10254.43円でしたが，2012年9月18日の終値は9123.77円となっています。11％目減りしていますが，原発事故の影響は軽微であると言ってよいでしょう。原発事故が起こる前に，仮に，東京電力の株式を3,200万相当額保有していた人はおよそ200万に目減りし，3,000万円の財産を失ったことになります。これに対して，3,200万相当額のTOPIXに連動するパッシブ型のインデックスファンドを保有

第2部　加入者は自分で資産管理する

していた人は，約2,848万円の評価額をそのまま保有していることになり，資産が11％少なくなっていますが，財産を失ったわけではありません。

　図表2-8は個別リスクと市場リスクについて銘柄数が増えると個別リスクが除去されて市場リスクに近づくことを示したものです。市場リスクは除去することは出来ません。投資信託を購入するということは，市場リスクを取っているという意味になります。

図表2-8

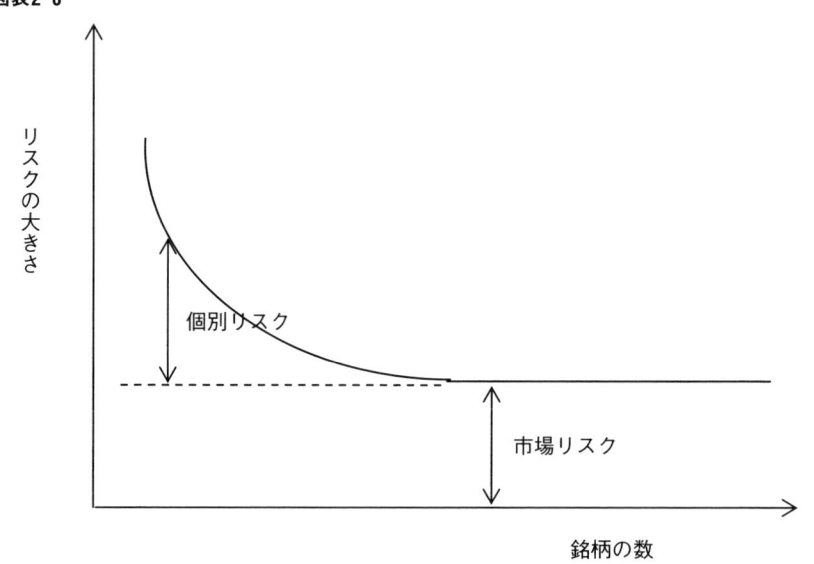

（縦軸：リスクの大きさ／横軸：銘柄の数／個別リスク・市場リスク）

石津ノート

◇◇

> なるほど，個別リスクと市場リスクを区別すると分かりやすいですね。投資信託という商品は個別リスクがなくなっており，市場リスクがあるということですね。だから，市場全体を購入する商品だと言えるのですね。

> そうです。だから，投資信託を購入するときは，市場リスクがどの程度あるのかを知る必要があります。市場リスクを認識することはとても大事なことですので，後に詳しく見てみましょう。

5－3 ◆ 投資信託の構造

投資信託は口数という数量で管理される

　投資信託は口数（くちすう）という数量で管理されます。定期預金などの元本保証の貯預金商品では日々預金額が変動することがないので口数管理はしませんが，変動型商品は通常、口数管理方式で管理されています。

　投資信託を最初に設定するときに1口＝1円として設定されます。例えば，運用を始める当初資産を10億円としましょう。1口＝1円ですから，10億口が設定されます。運用が開始されて，10億円で日本株式を1,600銘柄購入し，パッシブ型のインデックスファンドとして募集を開始したとしましょう。

　株価は日々変動しますので午後3時に取引が終了すると，保有銘柄のその日の株価に基づいて，ファンド全体の資産価額を計算し，10億口で割ります。すると，仮に，1口＝1円ではなく1口＝0.9987円という結果になったとしましょう。この時，小数点表示だと実務的に面倒なので，1万口あたりに換算して，1万口＝9,987円，と表示されます。この1万口あたりの資産価額を基準価額と定義しています。基準価額は購入時の単価や売却時の単価として使われます。

　実例を確認してみましょう。

　「トピックス・インデックス・オープン」の「確定拠出年金向け説明資料」では，基準価額が7,960円，純資産価額120.3億円，と表示されています。これは，基準日である2012年6月29日において，1万口当たり7,960円であることを示し

ています。すなわち，一口＝0.7960円の購入単価であり同時に売却単価であることを示しています。仮に，1万円でこの投資信託を購入すると，12,562(10,000÷0.7960)口の数量を購入できることになります。また，その反対に1万口売却すると7,960円の現金が得られます。従って，個人の保有資産＝保有口数×基準価額で評価され，評価額と呼ばれています。

基準価額は日々変動しますが，保有口数は変わらないので数量となります。数量である口数が資産であるということを知ってほしいです。

基準価額が低い時には数量がたくさん購入できますから，基準価額が低い時に購入を続けることで数量を増やすことができます。

問題は，基準価額が高くなるのか低くなるのか予測が出来ないことにあります。しかし，市場リスクは収益率の変動幅であり過去情報からある程度把握できます。要するに，収益予想はできないですが，リスクの管理は可能です。

毎月，少額で長期にわたって購入し続けることで数量管理によりリスク低減を行いやすくなります。投資信託が確定拠出年金の商品として用意されている理由がここにあります。

図表2-9は投資信託の構造をまとめたものです。

投資信託のコスト

投資信託のコストには，通常，3通りあります。申込み手数料，信託報酬，解約留保金，です。

申込手数料とは投資信託購入時に課せられる手数料のことです。仮に，購入しようとする投資信託の申込み手数料が3.15％(3％プラス0.15％の消費税)であるとすると，1万円で購入した場合，1万円から3.15％相当額の手数料315円を引いた残りの現金である，10,000円－315円＝9,685円で，購入することになります。確定拠出年金で投資信託を購入する場合はこの申込み手数料はかかりません。

信託報酬というのは，投資信託の維持コストで，委託会社費用(投資顧問会社の運用費用)，販売会社費用(証券会社や銀行などの金融機関の販売費用)，受託会社費用(信託銀行による資産管理費用)の3つのコストで構成されています。

第5章　投資信託について

　さらに、信託財産留保金として解約時に手数料がかかる場合があります。
　因みに、「フィデリティ・日本成長株・ファンド」の信託報酬は1.68%、「トピックス・インデックス・オープン」の信託報酬は0.5%です。アクティブ型のコストはインデックス型の約3倍のコストとなっています。直観的に説明すると、アクティブ型の投資信託は手間ひまをかけて銘柄選定を行いますから人件費がかかりコストが高いです。これに比べて、パッシブ型の投資信託は銘柄選定を行わないため人件費が少なくてコストが安いということです。
　図表2-9は投資信託の構造をまとめたものです。右側にコストの観点として、アクティブ型やパッシブ型のコストの説明が行われています。

図表2-9

投資信託の仕組み

➢契約型、公募型、追加型の投資信託の構造

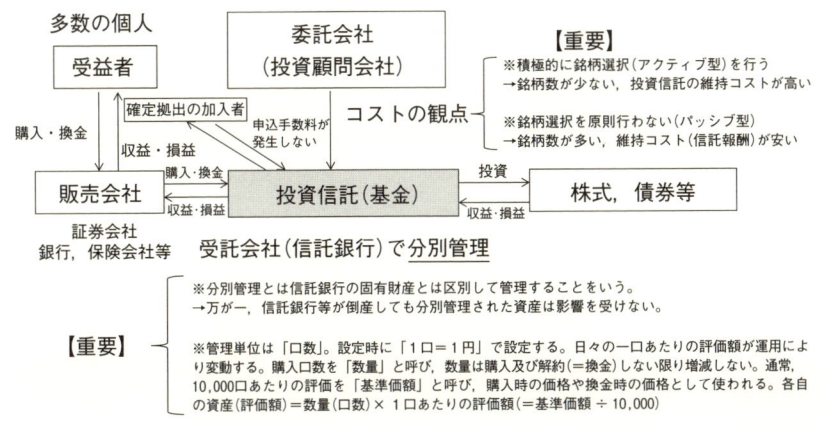

```
多数の個人          委託会社
                  (投資顧問会社)           【重要】
受益者                               ※積極的に銘柄選択(アクティブ型)を行う
      確定拠出の加入者    コストの観点   →銘柄数が少ない、投資信託の維持コストが高い
                  申込手数料が
  購入・換金  収益・損益  発生しない           ※銘柄選択を原則行わない(パッシブ型)
                                    →銘柄数が多い、維持コスト(信託報酬)が安い
                        購入・換金                        投資
 販売会社              投資信託(基金)              株式、債券等
                                                  収益・損益
                        収益・損益
 証券会社
 銀行、保険会社等   受託会社(信託銀行)で分別管理
```

　　　　　　※分別管理とは信託銀行の固有財産とは区別して管理することをいう。
　　　　　　→万が一、信託銀行等が倒産しても分別管理された資産は影響を受けない。

【重要】　※管理単位は「口数」。設定時に「1口＝1円」で設定する。日々の一口あたりの評価額が運用により変動する。購入口数を「数量」と呼び、数量は購入及び解約(＝換金)しない限り増減しない。通常、10,000口あたりの評価を「基準価額」と呼び、購入時の価格や換金時の価格として使われる。各自の資産(評価額)＝数量(口数)×1口あたりの評価額(＝基準価額÷10,000)

石津作成

分別管理

　図表2-9の中央に、受託会社(信託銀行)で分別管理という文言があります。投資信託の資産は定期預金や保険商品と違って信託銀行などの資産管理を専門とする受託会社で分別管理されています。委託会社を投資顧問会社と呼びます。委託会

社や受託会社，および販売会社である証券会社などが倒産しても，投資信託の資産はこれらの債権者により差し押さえられることはありません。金融機関の本体財産から分別されて管理されているからです。これを分別管理と呼んでいます。このように分別管理により金額に制限がなくなりますから，巨額の資金を運用できる仕組みが整っています。

> なるほど，投資信託は口数管理と分別管理で資産が管理されているわけですね。アクティブ型はパッシブ型の通常3倍程度のコストがかかり，銀行などの金融機関からアクティブ型を購入すると申込み手数料がかかるところですが確定拠出年金ではかからない。低コストで投資信託が購入できるというメリットがあるということですか。

> 投資信託の問題はコストがかかることが指摘されています。パッシブ型はアクティブ型に対抗する商品で，アメリカで開発されました。今日でもパッシブ型の優位性を論じる学者がいますので論争が続いています。

選択問題

投資信託を購入する場合，コストの安いパッシブ型を選択するか，それとも，コストの高いアクティブ型を選択するか，という基本問題があります。これは，金融の世界では論争があって決着がついていません。仮に，アクティブ型が否定されてしまうと，世界中の投資顧問会社の存在意義が否定されて事業が成り立たなくなってしまいます。

私の個人的な見解では，この問題を追及することよりも，市場の選択を考慮す

べきと考えています。要するに，アクティブ型かパッシブ型はあまり問題にしなくて良いという立場です。市場の効率性を維持するために，アクティブ型とパッシブ型の双方が必要だという立場です。

　ただ，言えることは，アクティブ型で長期間にわたってベンチマークを上回っていない投資信託は選択すべきではないでしょう。銘柄選定を行ってベンチマークを上回る運用を目指すことに存在意義があるにもかかわらず，ベンチマークと同じかもしくはそれを下回る収益しか得られない投資信託は運用上に問題があると推測できます。コストをかける以上は，パッシブ型よりも良い運用成績でないと保有する意味はないと思われます。

> どちらでもよいと説明されても，やはりコストが安い方が良いのではないですか？パッシブ型が良いように思えるのですが…？

> パッシブ型かアクティブ型については結論が出ていませんので，A子さんが良いと思う型を選択すれば良いと思いますよ。売買を頻繁に行いたい方はアクティブ型を選択して収益を狙っても良いし，運用が面倒だと思う人は，売買を頻繁に行わなくてよいパッシブ型を選択するというのも，ひとつの運用方法です。しかし，収益性が確保しにくい市場で運用するパッシブ型を持ち続けても賢い選択だとはいえません。市場の選別がより重要であると考えています。

第6章

市場に関する基礎情報を知る

6－1 ◆ 各市場の月次収益率やリスクを知る

各市場の月次収益率

　前節で投資信託は市場全体を購入する(市場リスクを取る)商品であると説明しました。そして，市場の月次平均収益率を商品とすると比較可能になります。商品選びのコツはこの市場別の月次収益率に着目します。

　但し，金融データはすべて過去データであり，再現は不可能です。天気予報と同じであり，確率情報として参考にする以外に使い道はないことを知っておいて欲しいです。「未来はこうなる」「正しい予測」「絶対にこうなる」などと言った言葉は，本来は使ってはいけません。私は，金融情報の取り扱いは天気予報における長期予報が参考になると思っています。

　各市場の月次収益率はブルームバーグ社などの金融情報提供会社と契約を結んでいる金融機関であれば定期的に入手できます。しかし，一般の加入者においては，これらの情報は入手することは困難ですから，各市場の月次収益率などの情報にアクセスできるアドバイザー等に問い合わせて確認します。

　図表2-10は，過去10年(2002年1月～2011年12月，120個の月次収益率)，図表2-11

第6章 市場に関する基礎情報を知る

は、過去20年(1992年1月～2011年12月、240個の月次収益率)における市場別に月次収益率を統計処理したものです。月次収益率は、ブルームバーグ社が提供する情報でありPWM日本証券株式会社から提供して頂きました。

観測期間を2通りに分けて使用する理由は得られる数値の安定性を考えているからです。過去10年間と過去20年間を取り上げることで比較ができますから、算出された数値の信頼性が増すと思われます。従って、本書では一貫して過去10年間と過去20年間の月次収益率を使用してシミュレーションを行っています。

図表2-10

	① TOPIX	②日本債券	③世界株式	④世界債券	⑤ EM株式
期間 (過去10年)	2002.1〜 2011.12	2002.1〜 2011.12	2002.1〜 2011.12	2002.1〜 2011.12	2002.1〜 2011.12
観測データ数	120	120	120	120	120
平均収益率%	▲0.157	0.139	▲0.122	0.234	0.758
収益率中央値%	0.373	0.189	1.259	0.498	1.049
最大収益率%	12.011	1.715	13.510	8.394	16.428
最小収益率%	▲20.258	▲2.117	▲22.519	▲11.861	▲31.190
標準偏差%	5.108	0.581	5.914	2.718	7.587

石津作成

① TOPIXとは、東京証券取引所市場の第一部に上場するすべての日本企業(内国普通株式全銘柄)を対象とした時価総額加重平均方式の株価指数のことです。配当込ではありません。1968年1月4日の時価総額(8,602,056,951,154円)を100とした場合に、現在の時価総額がどの程度かを表しています。公的機関や投資信託などの機関投資家による日本株式のベンチマークに採用されています。本書で説明用として登場させた、「フィデリティ・日本成長株・ファンド」はベンチマークとしてTOPIXを採用しており、TOPIXを上まわる運用をめざしていますが、一方で、「トピックス・インデックス・オープン」はTOPIXに連動するように運用をしています。

第 2 部　加入者は自分で資産管理する

図表2-11

	① TOPIX	② 日本債券	③ 世界株式	④ 世界債券	⑤ EM株式
期間 （過去20年）	1992.1〜 2011.12	1992.1〜 2011.12	1992.1〜 2011.12	1992.1〜 2011.12	1992.1〜 2011.12
観測データ数	240	240	240	240	240
平均収益率%	▲0.213	0.295	0.382	0.388	0.591
収益率中央値%	▲0.385	0.316	1.348	0.650	1.049
最大収益率%	13.636	3.558	15.805	10.617	20.177
最小収益率%	▲20.258	▲4.092	▲22.519	▲13.225	▲31.190
標準偏差%	5.333	0.863	5.413	3.026	7.670

石津作成

　②日本債券とは，ノムラ・ボンド・パフォーマンス・インデックスを指し，野村證券金融工学研究センターが公表する，日本の公募債券流通市場全体の動向を的確に表すために開発された投資収益指数をいいます。日本の流通市場の債券を一定の組み入れ基準に従って構成されたポートフォリオの収益性を基に算出され，1983年12月末を100として指数化されています。公的機関や投資信託などの機関投資家による債券運用のベンチマークに採用されています。

　③世界株式とは，モルガン・スタンレー・キャピタル・インターナショナル・インク（MSCI Inc.）が提供している株価指数のうち，日本を除く世界主要国（22カ国）の上場企業で構成されている株式の総合投資収益を各市場の時価総額比率で加重平均して指数化したものです。従って，市場規模が大きいアメリカやヨーロッパの株式が中心となっています。円ベースで換算されています。公的機関や投資信託などの機関投資家による世界株式運用のベンチマークに採用されています。

　④世界債券とは，シティグループ・グローバル・マーケッツ・インクが算出・公表しています。数多くある債券のうちで，日本を除く世界主要国の国債の価格と利息収入を合わせた総合投資利回りを各市場の時価総額で加重平均した指数をいいます。日本向けに円ベースで算出されており，1984年12月末を100として計

算します。以前は,「ソロモン・スミス・バーニー世界債券インデックス」という名称でしたが,2003年4月に名称変更されています。公的機関や投資信託などの機関投資家による世界債券運用のベンチマークに採用されています。

⑤ EM株式とは,モルガン・スタンレー・キャピタル・インターナショナル・インク(MSCI Inc.)が提供している株価指数のうち,新興国の株式を対象とする代表的な株価指数で,円ベースで月次収益率を算出したものです。BRICS諸国(ブラジル,ロシア,インド,中国)をはじめ,韓国,台湾,トルコ,東欧,中東の国々が入っています。投資信託などの機関投資家による新興国(エマージング諸国と呼んでいます)株式運用のベンチマークに採用されています。

リスクとは標準偏差のこと

　平均収益率とは平均値を計算により算出しています。標準偏差とはデータの平均値まわりでのちらばりを知る指標です。この標準偏差を計算し,リスク指標として用いることで比較が可能となります。

　個別の観測データと計算で求めた観測データ全体の平均値からの距離(＝差)を偏差と呼んでいます。この偏差を2乗し,全部足した合計値を観測データ数(又は観測データ数から1を引いた数値)で割ります。この値を,分散と言います。この分散の平方根のことを標準偏差と呼んでいます。このような算出方法により比較が可能となります。標準偏差の単位は偏差と同じになります。

　ここでは,過去10年,過去20年という観測期間を設定していますから,一つの,標本であるため,標本標準偏差が正しい呼び方となります。

　標準偏差は平均からのちらばりである変動幅を意味するので,リスクと定義できます。このように,標準偏差をリスクとしてとらえると,標準偏差の値が大きい市場をリスクが大きいとし,標準偏差の値が小さい市場をリスクが小さいと判断することが出来るようになります。

　標準偏差という用語に慣れていない方でも平均値からのバラツキ(距離)がリスクであるとイメージすればよいです。筆者は,リスク(標準偏差)を自動車における燃費と同じように,金融の営業現場において使われることを期待しています。

第2部　加入者は自分で資産管理する

　例えば，自動車を買い替えようとするとき燃費がいくらかと必ず販売会社の店頭で聞かれると思います。1リットルにつき25キロ走るこの車は燃費が良いから購入しよう，と思ったりします。しかし，燃費の算定根拠やなぜ燃費が良いのかを突き詰めて知ろうとすると車のエンジンの内部構造まで知らないと本当は理解できません。しかし，私たちはそこまで知ろうとしません。知る必要がないからです。

　それと，同様に金融商品においてもリスク(標準偏差)はいくらあるのかを聞いて購入して欲しいと思います。

　しかし，リスクを計算しリスクを説明するのは商品の提供側である金融機関であり，消費者はリスクの算定根拠までは知る必要がないと思われます。自動車の購入における燃費のように，金融商品を購入する際にリスクはいくらかを聞くことが常識になって欲しいと私は願っています。

◇◇

　リスクが車の燃費と同じように使えるようになって欲しい？？
　例えば，銀行の窓口でリスクはいくらあるかを聞くわけですか？

　そうです。元本保証でない金融商品を購入するわけですから，リスクの値を知ることが常識にならないといけない。金融データはすべて過去情報しかないわけですから，参考データにすぎません。しかし，ないよりはあったほうが良いと思われます。
　標準偏差と似た言葉に偏差値があります。受験生がいる家庭では，自分の学力の偏差値を判断して○○大学を受験しようという会話がお茶の間で交わされています。統計学の標準テキストには偏差値は，平均が50

第6章 市場に関する基礎情報を知る

> 点，標準偏差が10点になるように標準化された点数であると説明されています。しかし，このような偏差値の算出根拠を知ったうえで会話を交わしている家庭は少ないのではないでしょうか。

> 確かに，偏差値は予備校の先生がよく使っていますよね。予備校が使っているから受験生の親御さんは偏差値の会話をするということですかね。金融商品の販売現場で標準偏差が使われていないのは，売り手である金融機関が積極的に使っていないからでしょうか。

> 多分そうでしょう。

リスクが大きい市場とリスクが小さい市場

図表2-10，図表2-11をみると，標準偏差(＝リスク)が最も大きい市場は，過去10年，過去20年において EM 株式(新興国株式)であることがわかります。それぞれ，7.587％，7.670％でした。また，最もリスクが小さい市場は，日本債券で，0.581％と0.863％であることがわかります。EM 株式(新興国株式)のリスクの大きさは過去10年では日本債券の8.9倍(7.670÷0.863)，過去20年では13.2倍(7.670÷0.581)あります。

月次平均収益率が高い市場と低い市場

図表2-10，図表2-11をみると，もっとも月次平均収益率が高かった市場は，EM 株式(新興国株式)であり，0.758％と0.591％でした。最も月次平均収益率が小さかった市場は TOPIX で，▲0.157％と▲0.213％であることがわかります。過去10年，過去20年の月次収益率でマイナスを示しているのは TOPIX のみでし

第2部　加入者は自分で資産管理する

た。平均値がマイナスであるということは，市場が縮小していることを意味します。投資信託は市場全体を購入する商品ですから，市場が縮小しているTOPIXに連動する投資信託は投資不適格な市場であったことを意味します。何故なら，市場が成長し拡大している市場に投資する投資信託こそ長期保有するに値するからです。これについては，もう一度，後に検証することにしましょう。

最大収益率より最小収益率が大きい

　図表2-10，図表2-11の最大収益率と最少収益率の欄を見ると，どの市場においても最大収益率より最少収益率の値が大きかったことを示しています。

　表のデータを見てみましょう。まず，図表2-11をみるとTOPIXでは過去20年の最大値は13.636％でしたが最小値は▲20.258％です。日本債券では3.558％に対して▲4.092％，世界株式では15.805％に対して▲22.519％，世界債券では10.617％に対して▲13.225％，新興国株式では20.177％に対して▲31.190％となっています。どの市場においても，このように最大値より最小値が大きいことが知られています。市場がプラスに振れるときよりマイナスに振れるときにより大きく振れていることがわかります。

　2008年の秋にアメリカの大手証券会社であったリーマンブラザーズが破綻した直後に，私たちは株式市場の急速な下落局面を体験しました。私は恐怖心を覚えたことを今でも思い出します。金融市場は上昇局面より下落局面において加速されることを知らされたのです。

6－2　各市場の相関関係

　各市場同士の相関関係を知ることは運用するうえで基礎情報のひとつです。相関関係を図で確認するために，散布図または相関図と呼ばれているグラフを作成します。また，一般的に2つのデータの相互関係の強さを示す値を相関係数 r として求めます。r は－1からプラス1の値をとり（－1≦r≦1），ゼロの時は無相関で，相関の度合いが強いほど r の絶対値は1に近づきます。相関係数について

第6章 市場に関する基礎情報を知る

は統計学の教科書を参照することで理解を深めることが出来ますが，ここでは，各市場同士の相関関係を確認すれば良いことにします。なお，エクセルなどの表計算ソフトで相関係数を求める計算式が用意されていますので，観測データを入力すれば容易に計算できます。

図表2-12は各市場別の月次収益率に基づいて，相関係数を筆者が計算したものです。過去10年間で相関が最も強いのは世界株式と新興国株式で0.89308でした。また，過去20年間においても同様に相関が最も強かったのは世界株式と新興国株式で0.81409でした。

相関がもっとも弱いのは，過去10年間では日本債券と世界債券で0.11225，過去20年間では日本債券と新興国株式で－0.06020でした。

図表2-13は過去20年間で相関係数が最も大きかった世界株式と新興国株式の相関図です。この図表をみれば，データが右肩上がりにプロットされていることがわかります。この右肩上がりにデータがプロットされていることを正の相関があると言います。

このように正の相関がみられる場合，同じような動きをすることを意味します。つまり，月次収益率が上がる時は同じように上がり，下がる時も同じように下がります。収益が上がるときと下がるときが同じ時期であることから，2つの資産を保有したとしても，資産価格の下落時には歯止めがかからないことになります。正の相関を示す市場の組み合わせでは，リスクが低減せず，分散効果がないことになります。従って，正の相関がある場合は，収益が高いどちらか1つの資産を選択し保有すれば良いのではないかということになります。

図表2-14は，過去20年間で，相関係数が最も小さい日本債券と新興国株式での相関図です。一目瞭然で，データが中心付近で散らばっています。相関が見られないことが確認できます。

では，過去10年ではどうでしょうか。図表2-15は，過去10年間で相関係数が最も大きかった世界株式と新興国株式の相関図です。図表2-13と同様に右肩上がりで正の相関があります。これに対して図表2-16は過去10年間の日本債券と世界債券での相関図であり，データが中心付近で散らばっており相関がありません。

75

第2部 加入者は自分で資産管理する

図表2-12

過去データ，月次収益率の市場間相関係数

過去10年間　　相関係数（2002年12月～2011年12月，120個，月次収益率

	世界株式	Topix	日本債券	世界債券	エマージング株式
世界株式	—	—	—	—	—
Topix	0.68299	—	—	—	—
日本債券	−0.18113	−0.34479	—	—	—
世界債券	0.52839	0.30551	0.11225	—	—
エマージング株式	0.89308	0.69509	−0.21829	0.52255	—

※過去10年間では，相関が最も強いのは，世界株式とエマージング株式指数であり相関係数が0.89308を示している。ゼロに近いのは，日本債券と世界債券であり，0.11225となった。
※月次収益率はブルームバーグ情報で円評価指数を使用している。

過去20年間　　相関係数（1992年12月～2011年12月，240個，月次収益率

	世界株式	Topix	日本債券	世界債券	エマージング株式
世界株式	—	—	—	—	—
Topix	0.49791	—	—	—	—
日本債券	−0.07518	−0.27398	—	—	—
世界債券	0.54591	0.10289	0.10411	—	—
エマージング株式	0.81409	0.49968	−0.06020	0.40859	—

※過去20年間では，相関が最も強いのは，世界株式とエマージング株式指数であり相関係数が0.81409を示している。ゼロに近いのは，日本債券とエマージング株式であり，−0.06020となった。
※月次収益率はブルームバーグ情報で，円評価指数を使用している。

石津作成

第6章　市場に関する基礎情報を知る

図表2-13

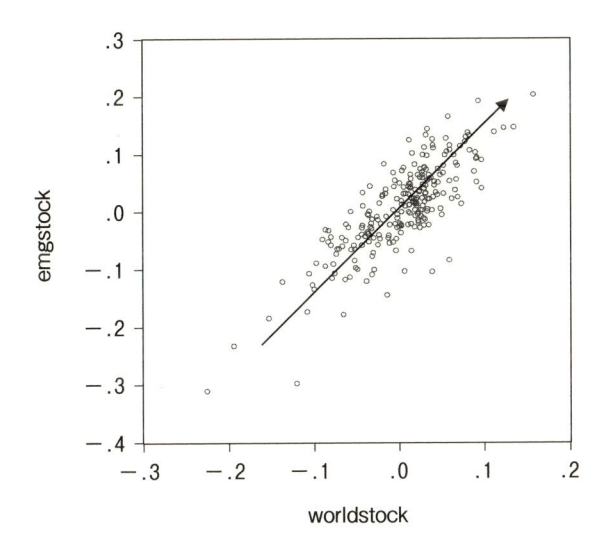

図表2-14

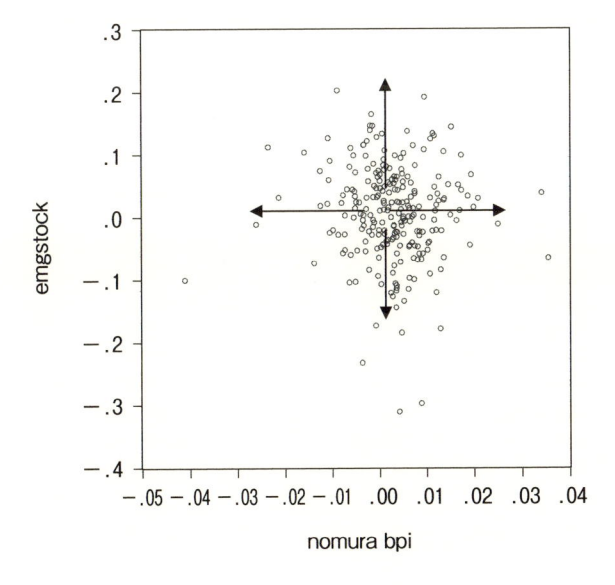

第 2 部　加入者は自分で資産管理する

図表2-15

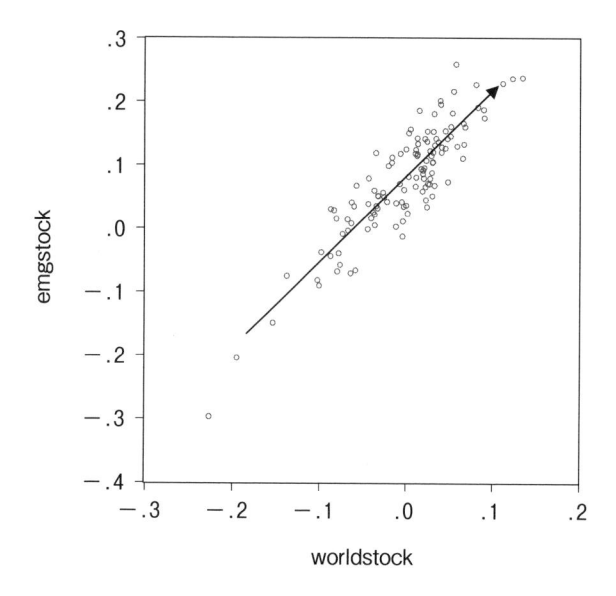

図表2-16

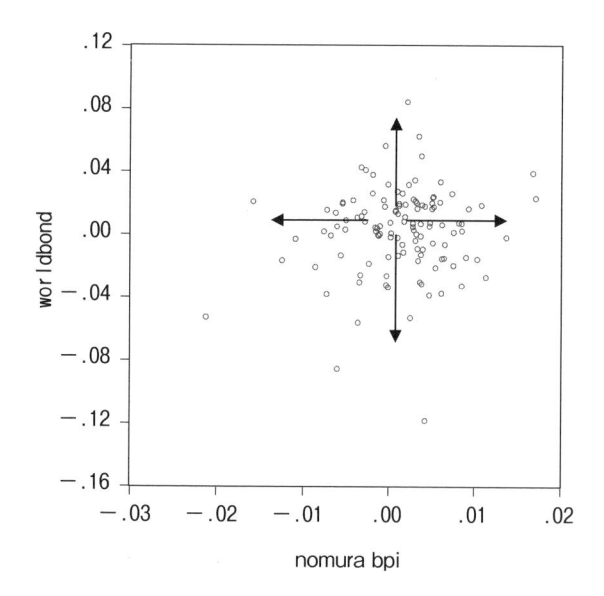

石津作成

78

なお、過去20年間は月次収益率の個数は240個ですが、過去10年間では120個です。図表2-13及び図表2-14と図表2-15及び図表2-16では、比較するプロットの数が2倍ほど違っています。従って、過去20年間の相関図である図表2-13及び図表2-14において、よりはっきりと相関関係が確認することができます。

6-3 ◆ リスクを低減させる

相関がない市場を併せもつことで、分散効果があることが知られています。分散効果とはリスクを低減し収益を安定させることを意味します。

実際に過去データを使って確認をしてみましょう。

図表2-17

	ポートフォリオ1 EM株式0.5 日本債券0.5	ポートフォリオ2 EM株式0.5 世界株式0.5	ポートフォリオ3 世界債券0.5 日本債券0.5
期間（過去10年）	2002.1～2011.12	2002.1～2011.12	2002.1～2011.12
観測データ数	120	120	120
月次平均収益率%	0.448	0.318	0.187
収益率中央値%	0.508	1.327	0.350
最大収益率%	8.146	14.029	4.306
最小収益率%	▲15.380	▲26.855	▲5.716
標準偏差%	3.741	6.571	1.421

石津作成

図表2-17で、ポートフォリオという言葉が使われています。ポートフォリオとは複数の資産を束ねて持つという意味です。ここで、ポートフォリオという言葉に慣れて欲しいと思います。運用を行っていく上で、投資信託と同様にキーワードのひとつです。

ポートフォリオ1とは、過去10年間の月次収益率において、相関がないと確認

第2部 加入者は自分で資産管理する

されたEM（新興国）株式を50％，日本債券を50％，仮に保有していたとしたら月次平均収益率やリスクはどのような値を示すかを表しています。

同様に，ポートフォリオ2とは，過去10年間，および過去20年間の観測データにおいて相関が強いと確認されたEM株式（新興国株式）を50％，世界株式を50％，仮に保有していたとしら月次平均収益率やリスクはどのような値を示すかを示しています。

ポートフォリオ3とは，過去10年間で相関がないと確認された世界債券を50％と日本債券を50％，仮に保有していたとしたら月次平均収益率やリスクはどのような値を示すかを示しています。

次のような式で，各ポートフォリオの月次収益率を算出します。

ポートフォリオ1の月次収益率＝
　　EM株式の月次収益率×0.5＋日本債券の月次収益率×0.5
ポートフォリオ2の月次収益率＝
　　EM株式の月次収益率×0.5＋世界株式の月次収益率×0.5
ポートフォリオ3の月次収益率＝
　　世界債券の月次収益率×0.5＋日本債券の月次収益率×0.5

図表2-17によれば，過去10年間で標準偏差（リスク）をみると，もっとも大きいのはポートフォリオ2で6.571％，もっとも小さいのはポートフォリオ3で1.421％となっています。面白いのは，ポートフォリオ1の月次平均収益率が0.448％で，ポートフォリオ2の0.318％より高いことが計算で求められることです。両者の標準偏差（リスク）は，ポートフォリオ1が3.741％で，ポートフォリオ2が6.571％となっています。

ポートフォリオ1はポートフォリオ2に比較して，収益率が高くリスクが小さいという結果となっています。このように，相関がない資産どうしであり，かつリスクが最も大きかったEM株式とリスクが最も小さかった日本債券を組み合わせて，リスク低減をはかりつつ収益率を確保することができます。

第6章　市場に関する基礎情報を知る

図表2-18

	ポートフォリオ1 EM株式0.5 日本債券0.5	ポートフォリオ2 EM株式0.5 世界株式0.5	ポートフォリオ3 世界債券0.5 日本債券0.5
期間（過去20年）	1992.1～2011.12	1992.1～2011.12	1992.1～2011.12
観測データ数	240	240	240
平均収益率％	0.442	0.486	0.340
収益率中央値％	0.551	1.135	0.497
最大収益率％	10.042	17.991	4.887
最小収益率％	▲15.380	▲26.855	▲6.587
標準偏差％	3.833	6.240	1.616

石津作成

　図表2-18は分析期間を過去20年（1992年1月～2011.12）に広げた場合の計算結果です。

　ポートフォリオ1のリスク（標準偏差）は3.883％でリターン（月次平均収益率）は0.442％，ポートフォリオ2ではリスク（標準偏差）は6.240％でリターン（月次平均収益率）は0.486％，ポートフォリオ3ではリスク（標準偏差）は1.616％でリターン（月次平均収益率）は0.340％，となっています。

　ポートフォリオ1とポートフォリオ2ではリターンは同じ程度ですが，リスクについては，ポートフォリオ1がポートフォリオ2に比べて約61％（3.833÷6.240＝0.614）で大きく低減されています。ポートフォリオ3はリスクが最も小さく1.616で，リターン（月次平均収益率）についても0.340％で最も低い結果となりました。

　図表2-19から図表2-21までは，過去10年の月次収益率を折れ線グラフにしたものです。左軸は収益率％を表し，下軸は年数を表しています。

　グラフのギザギザの大きさに注目してください。ギザギザが最も大きい（標準偏差の値が大きい）のは図表2-20でポートフォリオ2（世界株式50％＋EM株式50％）

第2部 加入者は自分で資産管理する

図表2-19

ポートフォリオ1＝EM株式0.5＋日本債権0.5

過去10年間(2002.1～2011.12)の月次収益率％

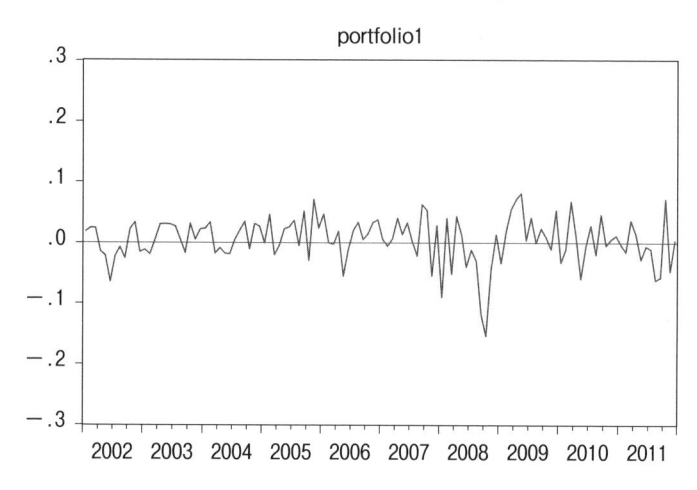

石津作成

図表2-20

ポートフォリオ2＝EM株式0.5＋世界株式0.5

過去10年間(2002.1～2011.12)の月次収益率％

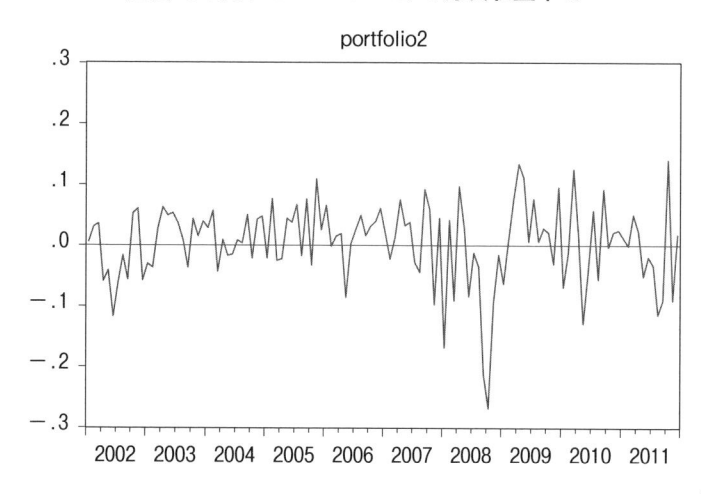

石津作成

第 6 章　市場に関する基礎情報を知る

図表2-21

ポートフォリオ3＝世界債券0.5＋日本債権0.5
過去10年間(2002.1〜2011.12)の月次収益率％

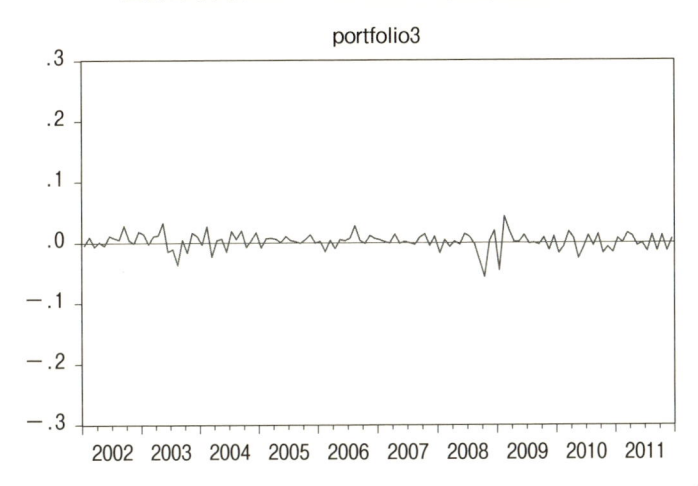

portfolio3

石津作成

です。同様に，リスクが最も小さいのは図表2-21で，ポートフォリオ3（世界債券50％＋日本債券50％）であることが確認できます。図表2-19をみると，ポートフォリオ1（日本債券50％＋EM株式50％）はポートフォリオ2とポートフォリオ3の中間に位置していると言って良いでしょう。

　図表2-22から図表2-24までは，過去20年間の月次収益率を使ってポートフォリオ月次収益率を算出した値を折れ線グラフにしたものです。過去10年間のケースと同様に，グラフのギザギザの大きさに注目してください。ギザギザが大きいことをリスクが大きいと呼び，ギザギザが小さいことをリスクが小さいと判断します。

　変動幅の大きさが最も大きい（ギザギザが最も大きい＝リスクが大きい＝標準偏差の値が大きい）の図表2-23でポートフォリオ2（世界株式50％＋EM株式50％）です。同様に，リスクが最も小さいのは図表2-24で，ポートフォリオ3（世界債券50％＋日本債券50％）であることが確認できます。図表2-22をみると，ポートフォリオ1（日本債券50％＋EM株式50％）はポートフォリオ2とポートフォリオ3の中間に位

83

第2部　加入者は自分で資産管理する

図表2-22

ポートフォリオ1＝EM株式0.5＋日本債権0.5
過去20年間（1992.1〜2011.12）の月次収益率％

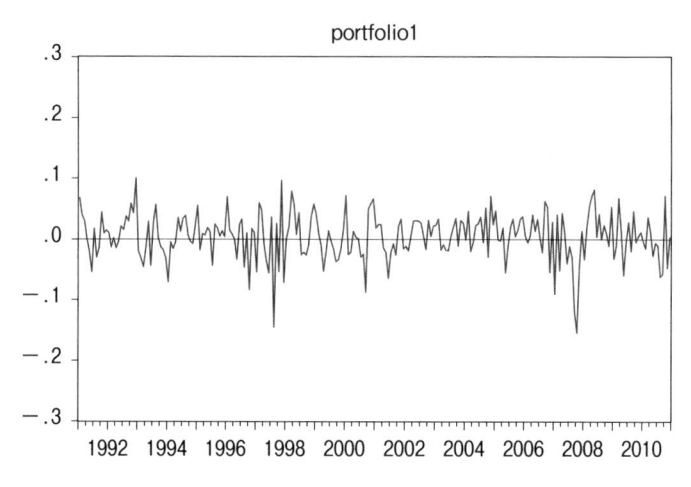

石津作成

図表2-23

ポートフォリオ1＝EM株式0.5＋世界株式0.5
過去20年間（1992.1〜2011.12）の月次収益率％

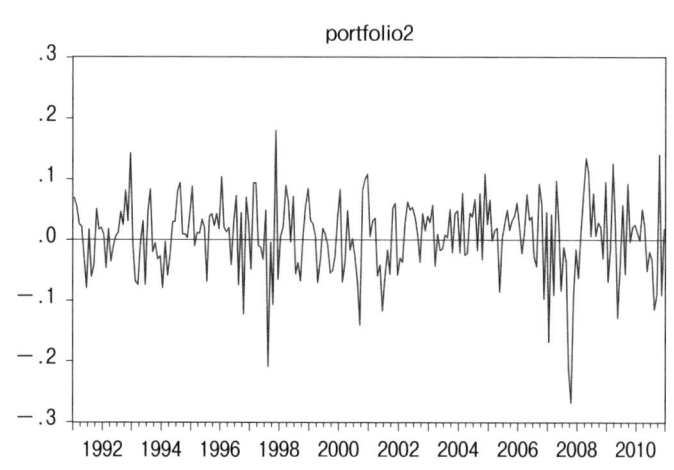

石津作成

第6章　市場に関する基礎情報を知る

図表2-24

ポートフォリオ3＝EM株式0.5＋日本債権0.5
過去20年間（1992.1〜2011.12）の月次収益率％

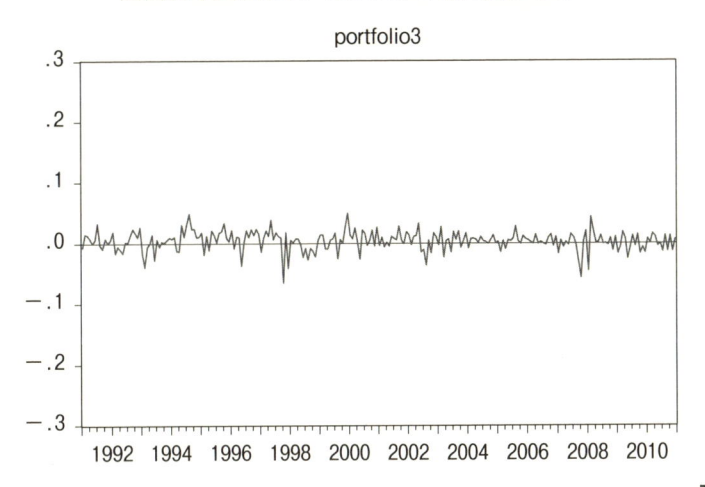

石津作成

置していると言って良いでしょう。

　図表2-19〜図表2-24の6枚の図表から，傾向として，リスクが最も小さいのはポートフォリオ3（世界債券50％＋日本債券50％）であり，リスクが最も大きいのはポートフォリオ2（世界株式50％＋EM株式50％）であることがわかります。その中間に位置しているのはポートフォリオ1（日本債券50％＋EM株式50％）であることがわかります。

◇◇

> 相関がない市場を組み合わせて保有するとリスクが低減される。面白いですね。でも，相関係数とか言われても私たちにはわからないですよね。難しいです。

> 相関係数などは知らなくて良いと思いますよ。相関関係を定量化し比較可能にするために計算しただけで

85

> す。もっとも，エクセルなどの表計算ソフトを使えば，データをいれるだけで簡単に計算できます。
> 　ここでは，結果を知れば良いと思います。自動車における燃費であるとか，大学受験における偏差値とかと同じように，算出プロセスは知らなくても使えるようになればよいです。専門家でないわけですからね。
> 　新しい言葉が出てくると，思考が中断しますから，その後の説明を聞いても何をいっているのかさっぱりわからなくなることがよくあります。相関係数という言葉に惑わされないようにしましょう。

6－4 ● 運用方針を立てる

相場を意識しない運用方針

　加入者にとっての問題は，運用を専門に行っている機関投資家や個人投資家とは違って，大多数が普通の給与取得者層であり，投資知識や投資経験をほとんど持ち合わせていないことにあります。法令では，事業主が継続的にリスクとリターンに関する情報を加入者に対して提供しなければならないとされていますが，そもそもリスクとリターンに関する基礎的な知識を身につけることさえ加入者にとっては容易ではないでしょう。ましてや株式相場や為替相場の動向を見極めながら，各自のライフサイクルに基づいてポートフォリオを適宜組み変える能力を身につけることなどを期待することは出来ません。

　運用の世界では，国際分散投資の有効性が説かれていますが，その方法を理解し自ら実践することが出来るようになる加入者はごくわずかであり，大多数の加入者にとって無縁のものでしょう。

第6章 市場に関する基礎情報を知る

　運用の世界は不確実(私に言わせれば人生そのもが不確実ですが)で，予測は不可能と言って良いです。さまざまな投資に関する本が出版されていますが，どれも確実なものはないです。結局，自分で考えて自分で実践していくしかないのが現状です。そこで，確定拠出年金の加入者にとって運用管理の容易性が求められると思います。

　ここでは，相場を意識しない運用方針を考えます。目標額に達した時点で「成功」と位置づけ，運用を中止しリセット(商品の構成を見直し，資産の入れ替えを行う)します。その後，新たな積立を始めることを考えます。

　目標額に達した時点の株式相場や金利，外国為替などリスク要因を考慮せず，今後，大幅に上昇するだろうとか，下落するだろうなどと予測しないことにします。加入者が定期的に見ておくのは個人別管理資産が目標額に達したかどうかです。このようにすれば，運用管理が容易になると思われます。もちろん，相場を意識することに面白さを見いだせる加入者は自分なりの相場観に基づいて運用を行えばよいわけです。

目標額の設定

　目標額の設定を最初に行います。目標額の設定を決めるためには期間の設定が必要です。加入者によっては5年間，7年間と設定する人がいても良いですが，ここでは10年間とします。目標額についても，元本の20％プラス，50％プラスなどと個人で自由に決めることができます。ここでは，シンプルに元本そのものとします。従って，10年間ですから，所属企業から合計120回の拠出金が行われます。仮に，毎月1万円の拠出金を受け取る人は，12万円／年の拠出金を受けていることになり，10年間では120万円となります。この数値を目標額とします。

商品選びのコツ

　運用を行う上で商品選びのポイントは，10年間の間に，早く目標額に到達し，かつ目標額に到達する確率の高い市場はどこであるかを知ることです。この目標額に到達する確率を「成功確率」と定義することにします。不確実に対処するに

第2部　加入者は自分で資産管理する

は確率を考慮しないと意思決定はできないからです。目標額に早く到達するが成功確率が低い市場では不安があります。また，成功確率が高くても到達スピードが遅い商品では収益率が低いといえます。定期預金であれば，10年後に100％の確率で120万円に到達します。

しかし，定期預金であれば収益性が低く10年後になって始めて120万円に到達します。インフレリスクがありますので，60歳になって老後の生活資金として引き出した時にインフレ(物価が上昇している状態)で役に立たないことがありうることを頭に隅にいれておかないといけません。

また，今日の低金利の下では定期預金100％に預けておくと口座管理料(個人型では口座管理料は個人負担)などのコストを吸収できませんので，実質，元本割れをおこしてしまいます。

従って，運用を行い，積立を開始して7年後〜9年後に目標額に到達することを考えます。

図表2-25は，目標額である120万円を10年間のうちで，いつ到達するかを描いたイメージ図です。

パターン①は120万円であるA点をある時点で通過し，10年後には120万円を超えているケースです。

パターン②は目標額120万円であるA点を一旦到達したもののその後市場環境の悪化により下落し，120万円をA'点で通過した後に10年後には120万円未満であるB点に到達した場合を表します(A→A'→B)。

パターン③は目標額である120万円に一度も到達せず10年後のB点に到達したケースです。

運用方針は最初にA点に到達することを「成功」と定義し，ただちに運用を中止して，その時点から新たな積立を再開するというものですから，市場別にA点に到達する所要年度別の到達回数をシミュレーションにより求めて，成功確率を算出することになります。

なお，2回目以降に120万円の壁を通過するA'点は計測しません。

第6章 市場に関する基礎情報を知る

図表2-25

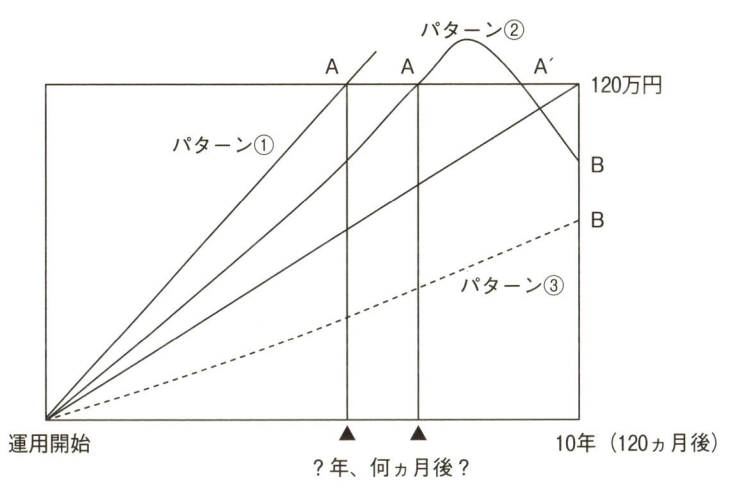

```
          パターン②
     A  A        A'
                      120万円
  パターン①
                       B
                       B
              パターン③

運用開始  ▲ ▲       10年（120ヵ月後）
      ?年、何ヵ月後?
```

石津作成

限界を知る

　本書では，毎月1万円ずつ掛け金を選択した市場に投入し，成功確率を調べています。また，10年間保有を継続した場合における10年後の資産額についてシミュレーションを行って予想を試みています。しかし，計算結果は現実の資産額を表しません。実際はコストのある投資信託等を購入することになります。しかし，本書で行う市場分析はコストを考えていません。

　天気予報のように，明日の雨の確率は60％ですから傘を持って出かけましょうというように，傾向を知って対策を立てるためにシミュレーションです。明日はこうなると断定的にいうことは出来ません。天気予報のような確率値を計算し，加入者のために運用の参考になる情報の提供を試みているにすぎません。

　また，シミュレーションで使われる情報は過去の実績情報です。未来情報は入手することはできません。本来，過去の結果で未来を予測することはできないわけです。従って，目安を得ることしか出来ないことを認識しておく必要があります。しかし，目安がまったくなかっとしたら対策の立てようもありませんから，

運用は出来ないことになり，困ってしまいます。

そこで，過去の実績から標本をとって標本の分布の形状を調べて，母集団を推測する統計的な手法を使うことになります。本書で行っているシミュレーションはブロック・ブートストラップ法という時系列データに対応できるとされている計算統計学の手法を使っています（補論3を参照）。

6－5 ● 各市場についてシミュレーション結果

各市場別の成功確率

図表2-26は，過去10年間（2002年1月～2011年12月）の月次収益率を使用し，1万回のシミュレーションを実行した計算結果の中から目標額である120万円に到達した回数を所要年度別に数えたものです。図表2-28は過去20年間（1992年1月～2011年12月）の月次収益率を使用した場合を示しています。

シミュレーションではポートフォリオの資産価格（「将来価値」とも呼ぶ）を計算する計算式（補論3の（1）式）を用いています。1回のポートフォリオの将来価値を計算するために120個の価格計算を行いますので，合計120万個の価格計算を行いました。1回のポートフォリオの将来価値の計算結果を1個のサンプルパスまたは単にパスと呼ぶことがあります。

図表2-25のうちで，パターン①～パターン③はパスの類型を示しています。1回のパスのうち，最初に120万円に到達したA点の月次（何ヶ月目で120万円を超えたか）を特定し記録します。1万回のパスの中で所要年度別に何回通過したかを調べます。尚，図表2-25のパターン②でA'点（1個のパスのうちで120万円を通過する2回目以降の点）は数えません。

1万回のパスの価格を求める計算手順は，巻末の補論3を参照していただき，ここでは，結果だけを紹介します。

図表2-26，図表2-28，の数を100で割ると成功確率を求めることが出来ます。例えば，図表2-26のTOPIXでは10年間で目標到達した数は5,594回ですから，

第6章　市場に関する基礎情報を知る

100で割って55.94％の成功確率であることを示しています。また，日本債券では，10年間で目標額に到達した回数は9,880回ですから，100で割って98.80％の成功確率であることを示しています。

図表2-27，図表2-29，で所要年度別の到達回数を累積し，所要年度別の累積成功確率を示しています。例えば，図表2-27で，8年目の欄をみると，TOPIXは29.02％，日本債券は0.00％，世界株式は35.35％，世界債券は25.22％，EM（新興国株式）は78.29％，の成功確率を示しており市場によって所要年度別にかなりばらつきがみられます。

このように，所要年度別の成功確率を知ることで，どの市場に掛け金を投入すべきかについてヒントが得られます。すなわち，原則として成功確率が高い市場に資金を投入し，成功確率の低い市場に資金を投入すべきではないでしょう。

図表2-26，図表2-27，図表2-28，図表2-28から，注目すべき結果が出ています。箇条書きに書き出してみると次のようになります。

1）TOPIXに毎月1万円を投入したとしても，10年間で目標額120万円の成功確率が50％超えに留まっています。他の市場に比べて著しく成功確率が小さく，投資不適格市場であろうと判断することが出来ます。

月次収益率の平均値が過去20年間，過去10年間，ともにマイナスとなっている

図表2-26

過去10年間（2002年月～2011年12月）の月次収益率を使用した場合における　シミュレーション結果，所要年度別到達回数

年目	3	4	5	6	7	8	9	10	合計
TOPIX		1	77	464	977	1,383	1,432	1,260	5,594
日本債券							1,977	7,903	9,880
世界株式			51	568	1,287	1,629	1,530	1,271	6,336
世界債券					251	2,271	3,840	2,341	8,703
EM株式	3	334	1,674	2,464	1,954	1,400	833	551	9,213

石津作成

第2部　加入者は自分で資産管理する

図表2-27

過去10年間(2002年1月～2011年12月)の観測データを使用した場合における
シミュレーション結果，所要年度別累積成功確率

年目	3	4	5	6	7	8	9	10
TOPIX		0.01%	0.78%	5.42%	15.19%	29.02%	43.34%	55.94%
日本債券							19.77%	98.80%
世界株式			0.51%	6.19%	19.06%	35.35%	50.65%	63.36%
世界債券					2.51%	25.22%	63.62%	87.03%
EM株式	0.03%	3.37%	20.11%	44.75%	64.29%	78.29%	86.62%	92.13%

石津作成

図表2-28

過去20年間(1992年1月～2011年12月)の観測データを使用した場合における
シミュレーション結果，所要年度別到達回数

年目	3	4	5	6	7	8	9	10	合計
TOPIX			70	397	934	1,236	1,367	1,267	5,271
日本債券					2	859	7,543	1,592	9,996
世界株式		4	222	1,306	2,262	2,169	1,585	991	8,549
世界債券			2	218	1,565	3.036	2,848	1,458	9,127
EM株式	3	194	1,259	2,210	1,989	1,547	1,049	633	8,884

石津作成

ため，市場が縮小していることを意味しています。投資信託が市場全体を購入する金融商品であることを考えれば，縮小している市場を投資対象とする投資信託は長期に保有するに値しないことになります。長期投資を行う確定拠出年金の加入者にとってTOPIXに連動する株式投資信託は選択すべきでないという結論が得られます。

　日本経済にとって看過できない問題ですが，事実ですから受け入れざるをえま

第6章 市場に関する基礎情報を知る

図表2-29

過去20年間(1992年1月～2011年12月)の観測データを使用した場合における
シミュレーション結果，所要年度別累積成功確率

年目	3	4	5	6	7	8	9	10
TOPIX			0.70%	4.67%	14.01%	26.37%	40.04%	52.71%
日本債券					0.02%	8.61%	84.04%	99.96%
世界株式		0.04%	2.26%	15.32%	37.94%	59.63%	75.58%	85.49%
世界債券			0.02%	2.20%	17.85%	48.21%	76.69%	91.27%
EM株式	0.03%	1.97%	14.56%	36.66%	56.55%	72.02%	82.51%	88.84%

石津作成

せん。もっとも，短期で運用を考えている方にとっては，リスクが大きい商品ですから，月次収益率が低い時に購入して月次収益率が高い時に売却することで収益を狙うことは可能です。タイミングを狙って投資するやりかたです。

2) 日本債券においては，図表2-27によれば，9年目で19.77%，10年後には98.80%の成功確率で目標額に到達しています。図表2-29によれば，9年目で84.04%，10年後には99.96%の成功確率で目標額に到達しています。9年目の数値に顕著な差が出ています。この理由は，図表2-10と図表2-11から，日本債券の平均収益率は過去10年間が0.139%に対して過去20年間では0.295%で2.1倍，リスクは過去10年間が0.581%に対して過去20年間では0.863%で1.5倍を示しており，過去20年間で収益性が高くリスクが大きい市場であったからです。

いずれにしても，日本債券は株式市場に比べて，リスクが小さい安定した市場であることがわかります。また，定期預金との比較でいえば，日本債券は10年目より早い段階で目標額に到達する確率が高いため，定期預金に比べて確率的に有利であると判断できます。

3) 世界株式では，過去10年間の月次収益率を使用したケースでは，成功確率が63.36%ですが，過去20年間のケースでは成功確率が85.49%でした。過去10年間ケースで成功確率が低い理由は直近のリーマンショックが影響していると推測

93

第 2 部　加入者は自分で資産管理する

されます。すなわち，図表2-10によれば，過去10年間のケースでは2008年秋のリーマンショックによる株式市場の大幅な下落が含まれており，平均収益率がマイナス(－0.122％)を示しています。しかし，過去20年間まで観測期間を広げると，図表2-11によれば平均収益率はプラス(0.382％)を示しており，市場は拡大していたことになります。

　過去10年間と過去20年間の観測データ結果の差によりシミュレーション結果に顕著な差が見られます。月次収益率の期間の取り方次第で運用情報が大きく変化することを示しています。

　4）世界債券では，過去10年間の月次収益率を使用したケースでは，成功確率が87.03％，過去20年間のケースでは成功確率が91.27％です。比較的に高い成功確率を示しています。

　5）EM（新興諸国）株式は，3年目から到達回数があらわれはじめて，図表2-26では7年目で成功確率64.29％に達しこの時点でTOPIXの成功確率を抜いています。過去10年間の月次収益率を使用したケースでは成功確率が92.13％，過去20年間のケースでは成功確率が88.84％を示しています。

　世界債券と比べてみると，図表2-27では，8年目の成功確率が78.29％，世界債券の8年目の成功確率は25.22％ですから，新興国株式は世界債券より成功確率が高いことを示しています。また，図表2-29では，新興国株式の8年目の成功確率が72.02％に対して世界債券の成功確率は48.21％ですから，新興国株式が高いことを示しています。

　過去10年間の月次収益率を使用したケースでは新興国株式の成功確率が92.13％で，世界債券の87.03％に比べて高いです。しかし，過去20年間では，新興国株式が88.84％で世界債券の91.27％に比べて低いことをしています。

　世界株式との比較では，過去10年間の月次収益率を使用したケース及び過去20年間のケースでは，いずれも新興国株式の成功確率が高いです。

第6章 市場に関する基礎情報を知る

なるほど，成功確率という考え方はわかりやすいです。それにしても，他の市場に比べて，日本株式に投資をつづけても成功確率が50％をやや超えるレベルに留まっていることを知ると，日本株式に投資は出来ませんね。また，先進国である欧米中心の世界株式よりも，新興国株式の成功確率が高いのは驚きでした。市場によってこれほど差があるとは知りませんでした。

私は，成功確率は重要な指標であると考えています。成功確率の高い市場を選択すべきだと考えているからです。日本の株式市場は過去20年間，まったく成長しない市場であったということです。成長が見込めない市場で年金資産を形成することは出来ないでしょう。日本政府の成長政策を期待したいところです。

新興国株式は世界株式に比べてリスクが大きいですが収益率が高い市場です。収益率が高いと年金資産が成長しますので成功確率が高くなります。

ところで，10年間そのまま投資を継続したらどのようになりますか。各市場別に教えてください。

さすが，良い質問ですね。では，10年間そのまま継続した場合の市場別の資産額の分布がどのようになるか，計算をしてみましょう。

95

第2部　加入者は自分で資産管理する

10年間投資を続けた場合

　目標額に到達する成功確率はわかりましたが，10年間保有し続けた場合に資産額はどの程度成長するかを知りたいという加入者もおられるでしょう。目標額である120万円に到達した時点で，運用を中止するのではなく，そのまま保有し続けることを選択する加入者にとって，10年後の資産の状況を確率的に知りたいと思うのも自然なことです。

図表2-30

新興国株式に毎月1万円を10年間継続した場合，10年後の分布
過去10年（2002年1月～2011年12月）月次収益率を使用

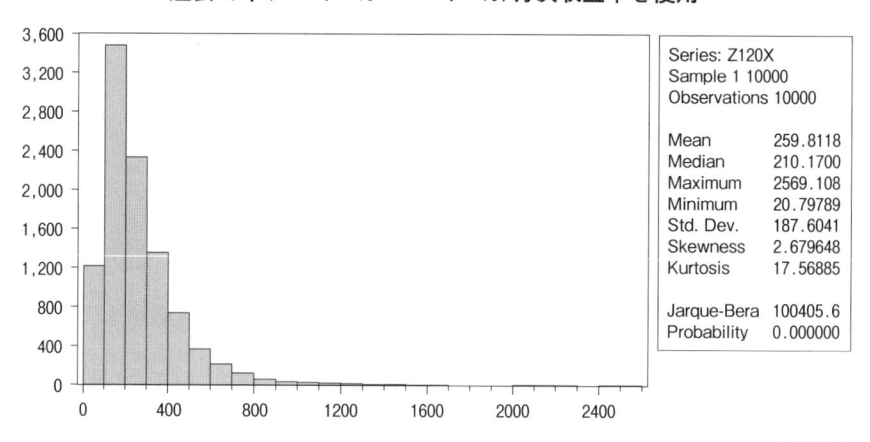

Series: Z120X	
Sample 1 10000	
Observations 10000	
Mean	259.8118
Median	210.1700
Maximum	2569.108
Minimum	20.79789
Std. Dev.	187.6041
Skewness	2.679648
Kurtosis	17.56885
Jarque-Bera	100405.6
Probability	0.000000

石津作成

　図表2-30は新興国株式に毎月1万円ずつ10年間投資を継続した場合の10年後における資産の大きさを示しています。過去10年間（2002年1月～2011年12月）の月次収益率を使用し，1万個のポートフォリオの資産価格のうち120カ月後における評価額をシミュレーションで求めたものです。

　左縦軸は回数（頻度，1万回のうち何回現われたかを示しています）であり，下横軸の単位は万円で左から右へ資産額が大きくなることを表しています。棒グラフのひとつの幅が100万円になっています。グラフの右側の枠の中には他の統計デー

第6章　市場に関する基礎情報を知る

タも計算されていますが，ここでは説明を省略します。さらに知りたい方は，補論の図表H3-1に関する説明を参照して頂きたいと思います。

　図表2-30をみると，一番高い山は100万円～200万円で，ここにおさまる回数が1万回の内約3,500回前後あることがわかります。

　平均値(mean)は259.8万円になり，最小値(Minimum)が20.8万，最大値(Maximum)が2,569.1万円を示しています。リスク(標準偏差，Std.Dev.)が187.6万円となっています。

　グラフの形状は右に大きく歪んでいます。

図表2-31
新興国株式に毎月1万円を10年間継続した場合，10年後の分布
過去20年(1992年1月～2011年12月)月次収益率を使用

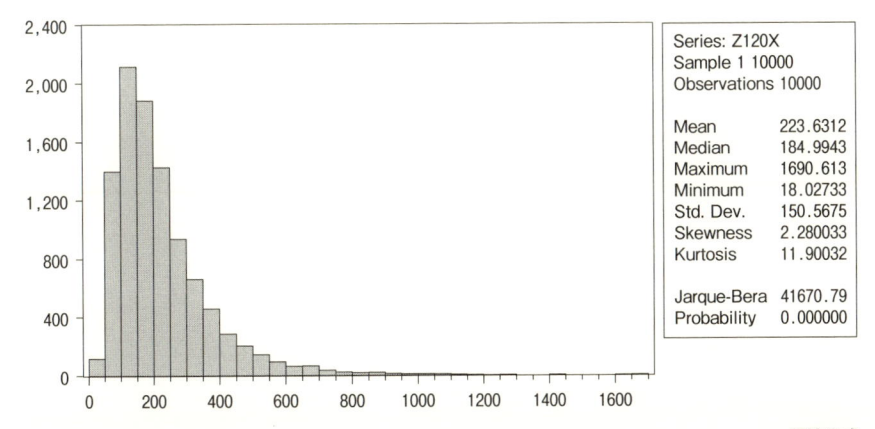

```
Series: Z120X
Sample 1 10000
Observations 10000

Mean        223.6312
Median      184.9943
Maximum    1690.613
Minimum      18.02733
Std. Dev.   150.5675
Skewness      2.280033
Kurtosis     11.90032

Jarque-Bera 41670.79
Probability  0.000000
```

石津作成

　図表2-31は，図表2-30と同様に，新興国株式に毎月1万円ずつ10年間投資を継続した場合の10年後における資産の大きさを示しています。但し，過去20年(1992年1月～2011年12月)の月次収益率を使用し1万回のポートフォリオの価格を計算した結果を表しています。

　図表2-31におけるグラフの幅は50万円になっています。この図表2-31では，一番高い山は100万円～150万円で，ここにおさまる回数が1万回の内約2,100回前

第2部　加入者は自分で資産管理する

後あることがわかります。

　平均値(Mean)は223.6万円になり，最小値(Minimum)が18.0万円，最大値(Maximum)が1,690.6万円を示しています。リスク(標準偏差，Std.Dev.)が150.6万円となっています。図表2-30に比べてリスクが小さいことから，最大値，最小値とも小さくなっています。

　図表2-30，図表2-31のグラフは，いずれも資産額が右に大きく広がっており，10年後の資産額の予想はできないと言って良いと思われます。

　図表2-30で投資元本である120万円を超えた確率は筆者の計算によると81.16%(8,116回)，図表2-31で76.84%(7,684回)であり，魅力のある市場ですが収益予想ができない市場です。

　期間を決めて，目標額に到達した時点で運用を中止し，リセットする方針の有効性を説く理由のひとつは，このように資産額の予想が出来ないことにあるからです。

◇◇

> 驚きました。
> 10年間，新興国株式市場に投資を継続したら平均値で260万円になり，過去20年間の収益率を使うと，平均値が224万円になるという結果が出ています。
> 私は，10年間，定期預金を購入し続けていました。現在の資産残高が120万円です。もし，アドバイザーの意見に従って，新興国の株式に100%投資をしたとしたら，投資元本が120万円ですから，平均で2倍近い資産になっていたことになります。
> よく，勉強しておけば良かったです。

> 現在から，過去を振りかえるといろいろな事が言えるものです。まあ，がっかりする必要はないと思いま

第6章　市場に関する基礎情報を知る

す。今から，投資を考えて遅くはないのです。問題は今後，何をするかです。

ところで，ここで，リスク指標である標準偏差の見方を知っておきましょう。大まかなイメージをつかんでおくことが大事です。

図表2-30で平均値が259.8万円であり，標準偏差が187.6万円であるということは，平均値を中心として72.2万円（259.8－187.6＝72.2）から447.4万円（259.8＋187.6＝447.4）の間に約70％の確率で到達する，とイメージします。平均値の前後に標準偏差をプラス・マイナスして区間を設定し，その間に収束する確率が約70％であると読み替えるわけです。

この見方は，いくつかの仮定を置いていますので正確ではありませんが，目安を得ることができます。さらに詳しく知りたい方は統計学の教科書を読んで頂ければと思います。

従って，リスク（標準偏差）が大きいと予測が出来にくくなることを意味します。新興国株式のようにリスクの大きい投資先を選択すると，資産が大きくなることが予想されますが，どのあたりに到達するのか予測が困難になります。

平均値が260万円だから，およそ260万円になると予想してはいけないのですか？

260万円にならない可能性が高くなるということです。リスクが小さいと平均値を予測の中心におくこと

が出来ますが,新興国株式のようにリスクが大きいと平均値の値は意味をもたなくなる恐れがあります。

ここでは,平均値と標準偏差の数字が掲載された時には,「平均値±標準偏差の間に約70%の確率で収まる」とイメージすればよいと思います。

ややこしいですね。

図表2-32で日本債券に10年間投資を継続した場合の計算結果が掲載されていますね。平均値が130.7万円でリスク(標準偏差)が4.7万円です。従って,「平均値±標準偏差の間に約70%の確率で収まる」という読み方によると,126万円(130.7−4.7＝126)から135.4万円(130.7＋4.7＝135.4)のあいだに約70%の確率で収まる,ということになります。この区間の大きさだと,130万円前後になりそうだとイメージができます。

なるほど。日本債券と新興国株式とではリスクの差が大きいですね。

その他の市場である,日本株式,世界株式,世界債券においても計算結果について,このように読み替えて10年後の将来価値をイメージします。

第 6 章 市場に関する基礎情報を知る

図表 2-32
日本債券に毎月 1 万円を 10 年間継続した場合，10 年後の分布
過去 10 年（2002 年 1 月〜2011 年 12 月）月次収益率を使用

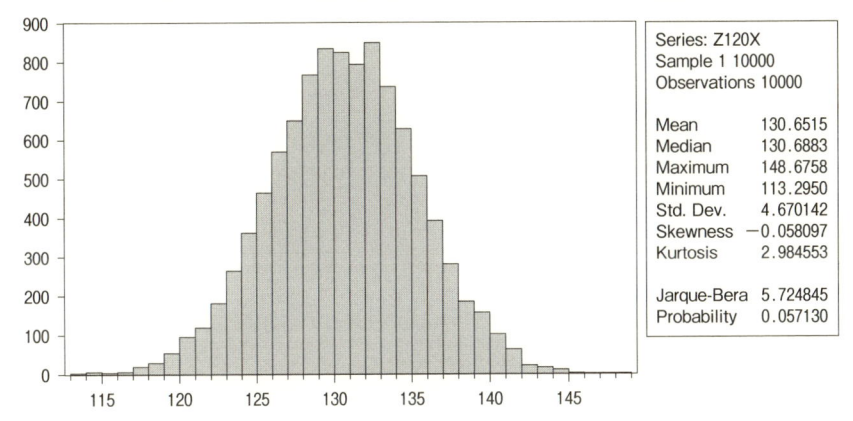

```
Series: Z120X
Sample 1 10000
Observations 10000

Mean        130.6515
Median      130.6883
Maximum     148.6758
Minimum     113.2950
Std. Dev.     4.670142
Skewness    -0.058097
Kurtosis      2.984553

Jarque-Bera   5.724845
Probability   0.057130
```

石津作成

　図表 2-32 は日本債券に毎月 1 万円ずつ 10 年間投資を継続した場合の 10 年後における資産の大きさを示しています。過去 10 年（2002 年 1 月〜2011 年 12 月）の月次収益率を使用し 1 万回のポートフォリオの価格を計算した結果を表しています。

　図表 2-32 の見方は前掲の図表 2-31 と同様ですが，グラフの幅が 1 万円となっています。一番高い山は 133 万円で，ここにおさまる回数が 1 万回の内約 800 回を超えています。

　平均値（Mean）は 130.7 万円になり，最小値（Minimum）が 113.3 万，最大値（Maximum）が 148.7 万円，リスク（標準偏差，Std.Dev.）が 4.67 万円となっています。グラフの形状がわずかに左に歪んでいます。リスクが小さく，収益が低い市場です。

　投資元本である 120 万円を超える確率は筆者の計算によると 98.79％で非常に高いです。

　図表 2-33 は，日本債券に毎月 1 万円ずつ 10 年間投資を継続した場合において，10 年後における資産の分布を示しています。過去 20 年（1992 年 1 月〜2011 年 12 月）の月次収益率を使用し 1 万回のポートフォリオの価格を計算した結果を表していま

第2部　加入者は自分で資産管理する

図表2-33

日本債券に毎月1万円を10年間継続した場合，10年後の分布
過去20年（1992年1月〜2011年12月）月次収益率を使用

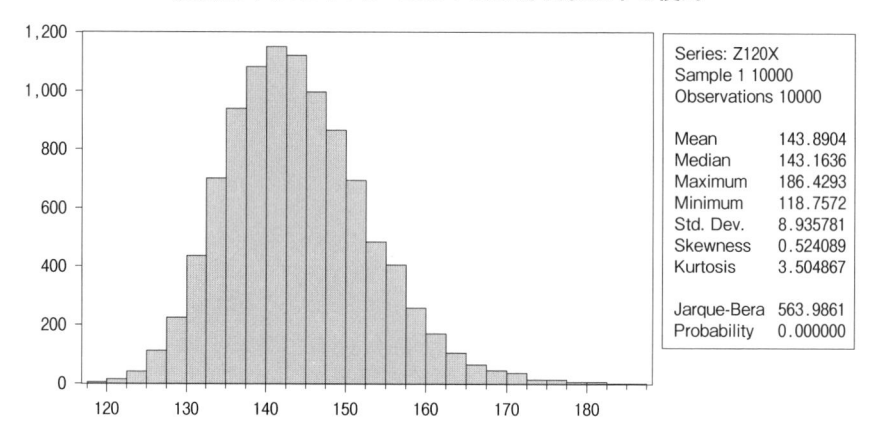

```
Series: Z120X
Sample 1 10000
Observations 10000

Mean        143.8904
Median      143.1636
Maximum     186.4293
Minimum     118.7572
Std. Dev.     8.935781
Skewness      0.524089
Kurtosis      3.504867

Jarque-Bera 563.9861
Probability   0.000000
```

石津作成

す。図表2-33のグラフの幅は2.5万円となっています。

平均値（Mean）は143.9万円になり，最小値（Minimum）が118.8万，最大値（Maximum）が186.4万円，リスク（標準偏差，Std.Dev.）が8.9万円となっています。

図表2-32と比較すると図表2-33の分布ではリスクが過去10年の4.67万円に比較して1.8倍リスクが大きいことがわかります。

読者の皆さんのうちで記憶に残っているかたも多いと思います。1990年代は不良債権処理を行う過程で，多くの金融機関が倒産しています。特に，1997年には大手金融機関であった，山一證券株式会社の自主廃業や北海道拓殖銀行が倒産しています。債券市場もこれらの大規模経済事件の影響でリスクが高まった時期が含まれているからだと推測できます。

図表2-30，図表2-31の新興国株式と比較すると，資産額が左右対称型の山形を示しています。投資元本である120万円を超える確率は筆者の計算によると99.95％で非常に高い。

図表2-34は日本株式に毎月1万円ずつ10年間投資を継続した場合の10年後にお

第6章 市場に関する基礎情報を知る

図表2-34

日本株式に毎月1万円を10年間継続した場合，10年後の分布
過去10年（2002年1月～2011年12月）月次収益率を使用

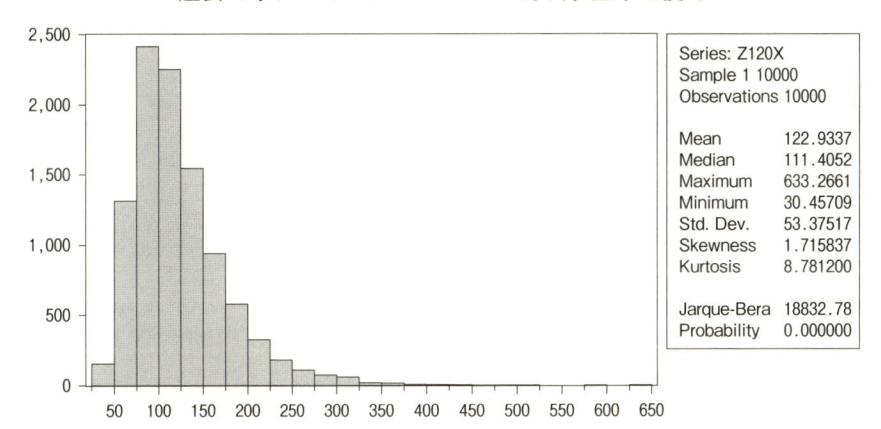

```
Series: Z120X
Sample 1 10000
Observations 10000

Mean        122.9337
Median      111.4052
Maximum     633.2661
Minimum      30.45709
Std. Dev.    53.37517
Skewness      1.715837
Kurtosis      8.781200

Jarque-Bera  18832.78
Probability   0.000000
```

石津作成

ける資産の大きさを示しています。過去10年（2002年1月～2011年12月）の月次収益率を使用し1万回のポートフォリオの価格を計算した結果を表しています。

図表の見方は，図表2-33と同様です。図表2-34をみると，グラフの幅は25万円となっています。一番高い山は75万円～100万円で，ここにおさまる回数が1万回の内約2700回前後あることがわかります。

平均値（Mean）は122.9万円になり，最小値（Minimum）が30.5万，最大値（Maximum）が633.3万円を示しています。リスク（標準偏差，Std.Dev.）が53.4万円となっています。

投資元本である120万円を超える確率は42.53％（筆者計算による）であり低いことがわかります。日本株式に10年間投資を続けることは確率的に危険であることになります。

図表2-35は，過去20年の月次収益率を使用し，日本株式に毎月1万円ずつ10年間投資を継続した場合の10年後における資産の分布を示しています。

平均値（Mean）は119.2万円になり，最小値（Minimum）が24.8万，最大値（Maxi-

第2部　加入者は自分で資産管理する

図表2-35

日本株式に毎月1万円を10年間継続した場合，10年後の分布
過去20年（1992年1月〜2011年12月）月次収益率を使用

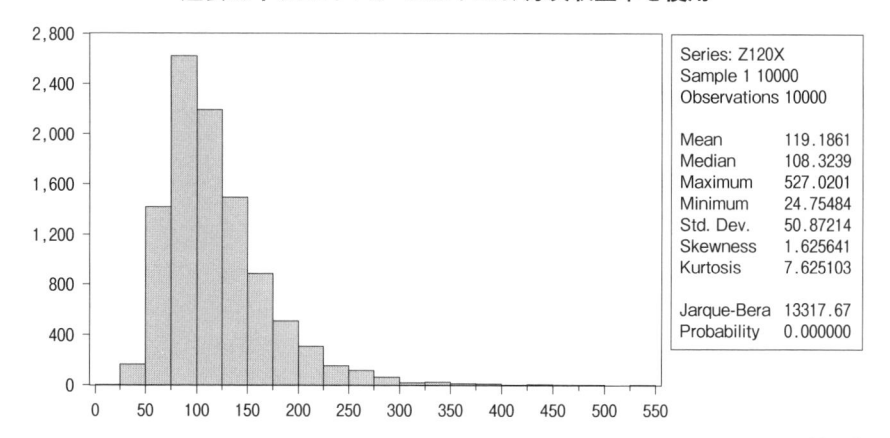

Series:	Z120X
Sample	1 10000
Observations	10000
Mean	119.1861
Median	108.3239
Maximum	527.0201
Minimum	24.75484
Std. Dev.	50.87214
Skewness	1.625641
Kurtosis	7.625103
Jarque-Bera	13317.67
Probability	0.000000

石津作成

mum）が527.0万円を示しています。リスク（標準偏差，Std.Dev.）が50.9万円となっています。図表2-34と比較して数値に大きな差がないことがわかります。

　グラフの棒の位置と高さに注目すると，日本株式に投資した場合，120万円を基準に左側に高い山があるので，投資元本である120万円を超える確率は低いということになります。過去10年の月次収益率を使用した場合と同様に，図表2-34の結果から，日本株式に投資を継続したとしても元本を上回る確率は39.75％（筆者計算による）であり，40％を下回っているということになります。

　図表2-34，図表2-35の検討結果から，残念な結論ですが，日本株式市場は投資不適格市場とみなさざるを得ないです。

　官民あげて日本経済を活性化させて株式市場を成長させないと，日本経済の未来は危ういと思われます。

　図表2-36は世界株式に毎月1万円ずつ10年間投資を継続した場合の10年後における資産の分布を示しています。過去10年（2002年1月〜2011年12月）の月次収益率を使用しています。

第6章 市場に関する基礎情報を知る

図表2-36
世界株式に毎月1万円を10年間継続した場合，10年後の分布
過去10年（2002年1月～2011年12月）月次収益率を使用

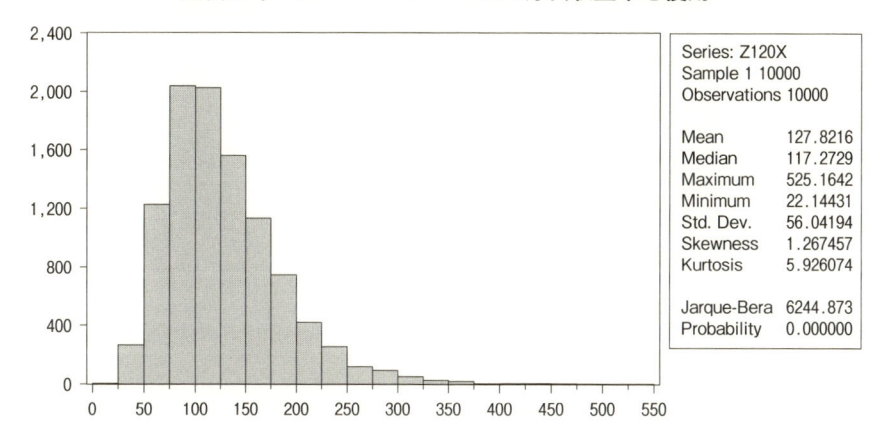

```
Series: Z120X
Sample 1 10000
Observations 10000

Mean       127.8216
Median     117.2729
Maximum    525.1642
Minimum     22.14431
Std. Dev.   56.04194
Skewness     1.267457
Kurtosis     5.926074

Jarque-Bera 6244.873
Probability   0.000000
```

石津作成

　図表の見方は前掲図表2-35と同じです。グラフの幅が25万円になっています。図表2-36をみると，一番高い山は75万円～100万円で，ここにおさまる回数が1万回の内約2,000回前後あることがわかります。

　平均値（Mean）は127.8万円であり，最小値（Minimum）が22.1万，最大値（Maximum）が525.1万円を示しています。リスク（標準偏差，Std.Dev.）が56.0万円となっています。図表2-36の日本株式と同じ形状を示しています。平均値は，元本である120万円を超えていますが，元本を上回っている成功確率は47.99％（筆者計算による）であり，投資不適格市場であったことがわかります。

　世界株式市場は欧米中心の市場であり，2008年の秋のリーマンショック時における株式市場の下落が含まれています。

　図表2-37は，過去20年（1992年1月～2011年12月）月次収益率を使用し，世界株式に毎月1万円ずつ10年間投資を継続した場合の10年後における資産の分布を示しています。

　平均値（mean）は171.9万円であり，最小値（Minimum）が24.8万，最大値（Maxi-

105

第2部 加入者は自分で資産管理する

図表2-37

世界株式に毎月1万円を10年間継続した場合，10年後の分布
過去20年(1992年1月～2011年12月)月次収益率を使用

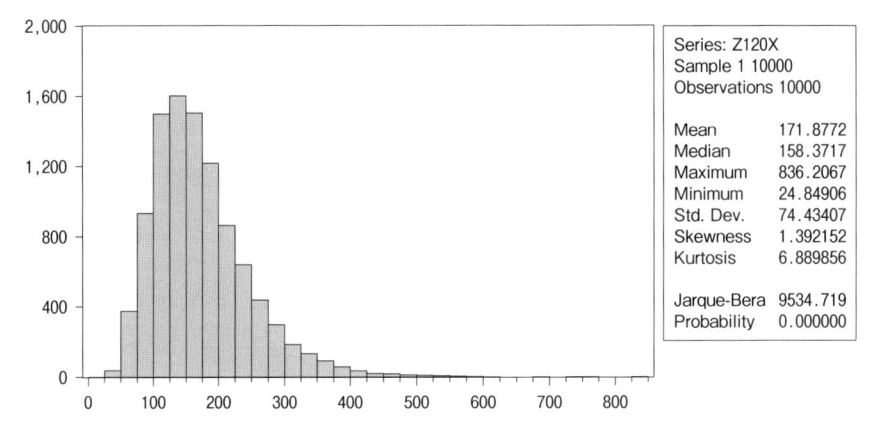

Series: Z120X	
Sample 1 10000	
Observations 10000	
Mean	171.8772
Median	158.3717
Maximum	836.2067
Minimum	24.84906
Std. Dev.	74.43407
Skewness	1.392152
Kurtosis	6.889856
Jarque-Bera	9534.719
Probability	0.000000

石津作成

mum)が836.2万円を示しています。リスク(標準偏差，Std.Dev.)が74.4万円となっています。

グラフの幅が25万円になっています。元本である120万円を含むグラフの幅は山のピークを越える前にありますので，図表2-35と比較して数値に大きな差があります。

元本である120万円を超えている確率は74.66％です。

図表2-36，と図表2-37を比較すると全く別の市場のような結果が出ています。観測期間を過去10年から過去20年間に拡げることによって，おおきな差が出ています。

過去10年では投資元本である120万円を超える確率が47.99％(筆者計算による)で低く，投資不適格市場であったと判断できますが，過去20年間では74.66％で投資不適格市場とまでは言えません。

21世紀初頭に比べて20世紀末は，欧米の株式市場が歴史的に高騰した時代であったことをうかがわせます。

第6章 市場に関する基礎情報を知る

図表2-38

世界債券に毎月1万円を10年間継続した場合，10年後の分布
過去10年（2002年1月～2011年12月）120個の月次収益率を使用

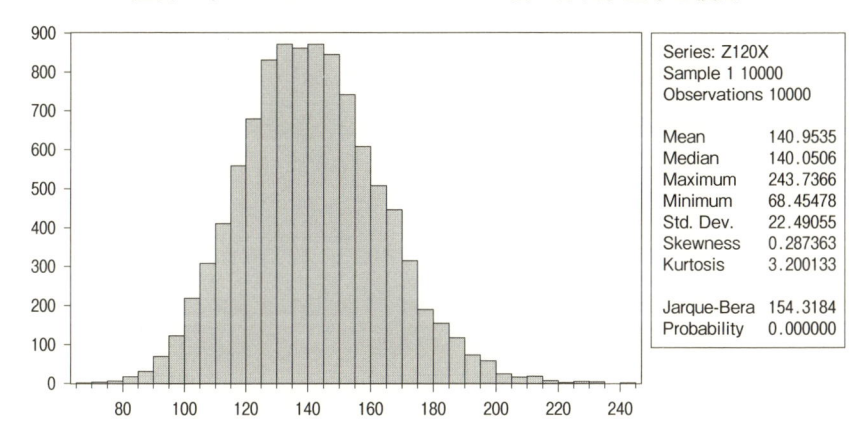

```
Series: Z120X
Sample 1 10000
Observations 10000

Mean        140.9535
Median      140.0506
Maximum     243.7366
Minimum      68.45478
Std. Dev.    22.49055
Skewness      0.287363
Kurtosis      3.200133

Jarque-Bera 154.3184
Probability   0.000000
```

石津作成

　図表2-38は，世界債券に毎月1万円ずつ10年間投資を継続した場合の10年後における資産の大きさを示しています。過去10年（2002年1月～2011年12月）の月次収益率を使用しています。

　図表の見方は前掲図表2-37と同じです。グラフの幅が5万円になっています。図表2-38をみると，一番高い山は140～145万円の幅であり，850回を超えています。わずかに右に歪んでいます。

　平均値（mean）は141.0万円であり，最小値（Minimum）が68.5万円，最大値（Maximum）が243.7万円を示しています。リスク（標準偏差，Std.Dev.）が22.5万円となっています。元本である120万円上回っている確率は82.5％（筆者計算による）で高い確率となっています。

　世界債券というのは欧米中心の国債で運用されており，過去10年はリーマンショックがあったにもかかわらず，世界債券は比較的堅調であったといえます。

第2部　加入者は自分で資産管理する

図表2-39
世界債券に毎月1万円を10年間継続した場合，10年後の分布
過去20年(1992年1月〜2011年12月)240個の月次収益率を使用

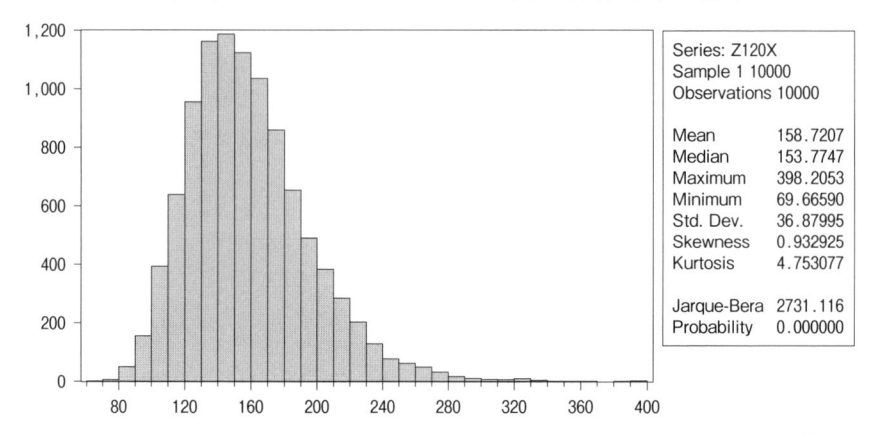

```
Series: Z120X
Sample 1 10000
Observations 10000

Mean         158.7207
Median       153.7747
Maximum      398.2053
Minimum       69.66590
Std. Dev.     36.87995
Skewness       0.932925
Kurtosis       4.753077

Jarque-Bera 2731.116
Probability    0.000000
```

石津作成

　図表2-39は，世界債券に毎月1万円ずつ10年間投資を継続した場合で，過去20年(1992年1月〜2011年12月)月次収益率を使用し，10年後における資産の大きさを示しています。

　図表の見方は前掲図表2-38と同じです。グラフの幅が10万円になっています。図表2-37をみると，一番高い山は140〜150万円で1,200回近く表れています。図表2-37に比べて右に歪んでいます。

　平均値(Mean)は158.7万円であり，最小値(Minimum)が69.7万円，最大値(Maximum)が398.2万円を示しています。リスク(標準偏差, Std.Dev.)が36.9万円となっています。元本である120万円上回っている確率は87.5％(筆者計算による)で高い確率となっています。

　図表2-38に比べて，リスクが大きく，平均値も高い値を示していますが，顕著な差は見られません。

第6章 市場に関する基礎情報を知る

6-6 ◆ ポートフォリオを考える

ポートフォリオの成功確率

　成功確率が高く，相関がない市場どうしの組み合わせを考えます。すなわち，ここでは，前節の分析結果から，日本債券と新興国株式との組み合わせを考察します。

　前節のリスク低減の項目で取り上げたポートフォリオ1（日本債券0.5＋新興国株式0.5）をさらに分けて，ポート1として日本債券0.8＋新興国株式0.2，ポート2として日本債券0.5＋新興国株式0.5，ポート3として日本債券0.2＋新興国株式0.8，の3通りの組み合わせを考察します。

　それぞれの組み合わせについて，投資を開始して10年間という期間設定中に目標額である120万円に到達する成功確率を求めてみました。

　図表2-40は過去10年の月次収益率を使用した場合における所要年度別到達回数であり，図表2-41は図表2-40の数値を累積し成功確率を求めたものです。また，図表2-41は過去20年の月次収益率を使用した場合における所要年度別到達回数であり，図表2-42は図表2-41の数値を累積し成功確率を求めたものです。

　図表2-41によれば，成功確率が高いポートフォリオはポート1で94.43％でした。ポート2は91.49％，とポート3は92.57％で，ポート2とポート3はほぼ同じで，顕著な差は見られませんでした。

　観測期間を20年に拡げた図表2-43（P.133）によれば，ポート1は97.33％で成功確率は上がり，ポート2は89.97％，ポート3は88.58％となり成功確率は下がっています。

　8年目時点の成功確率をみると，図表2-41によれば，ポート1が23.33％で，ポート2が63.86％，ポート3が75.84％で，ポート1が最も低く，ポート3が最も高い結果となっています。図表2-43によれば，ポート1が33.29％でやや高く，ポート2で57.42％，ポート3で67.65％となり，やや低い結果となっています。

109

第2部 加入者は自分で資産管理する

図表2-40

過去10年(2002年1月〜2011年12月)120個の観測データを使用した場合におけるシミュレーション結果，所要年度別到達回数

年目	3	4	5	6	7	8	9	10	合計
ポート1					43	2,290	4,937	2,173	9,443
ポート2			30	809	2,725	2,822	1,771	992	9,149
ポート3		61	965	2,430	2,476	1,652	1,048	625	9,257

石津作成

図表2-41

過去10年(2002年1月〜2011年12月)120個の観測データを使用した場合におけるシミュレーション結果，所要年度別累積成功確率

年目	3	4	5	6	7	8	9	10
ポート1					0.43%	23.33%	72.70%	94.43%
ポート2			0.30%	8.39%	35.64%	63.86%	81.57%	91.49%
ポート3		0.61%	10.26%	34.56%	59.32%	75.84%	86.32%	92.57%

石津作成

リスクが大きいポートフォリオは早い段階で成功確率が高いが，一方で，10年間の累積成功確率では，リスクが小さいポートフォリオの成功確率が高いことをしめしています。

分析結果の総括

どのポートフォリオを選択するかは，加入者においてリスクを受けいれる度合

(リスク許容度と呼ばれています)がどの程度あるかによります。

　ざっくりと言えば，ポートフォリオの成功確率を目安に考えて，リスクを受け入れることが可能な若い人であればポート3を，30代から40代の方はポート2を，そして50代の方はポート1を基本に考えることで，運用の指針が得られたことになると思われます。

　そして，運用商品は数多くありますが，定期預金があり，日本債券，新興国株式の2つの市場で運用する投資信託で，アクティブ型もしくはパッシブ型の両方もしくはどちらか一方が品揃えされていれば良いのではないかと思われます。

　すなわち，定期預金はリセット後の資産の受け入れ先として利用し，運用は日本債券と新興国株式に投資する投資信託で行うというシンプルな考え方が成り立ちます。リスクフリー資産である国債を中心とする日本債券と，リスク資産である新興国株式の組み合わせを考えて，加入者のリスク許容度に合わせて割合を変化させます。

　なお，上記については，過去10年間と過去20年間に観測期間を2つに分けて検討を重ねた結果，導かれた結論にすぎず，未来永劫，該当する運用指針であると断言することは出来ません。

　定期的に成功確率を算出し，相関関係を調べてシミュレーションを実行するなど，各市場の傾向を絶えず把握する必要があることは言うまでもありません。

　異なる資産の組み合わせを研究する分野をポートフォリオ理論と呼び，ファイナンスの基礎理論のひとつを構成しています。ポートフォリオ理論によれば，リスクフリー資産とリスク資産の2資産の組み合わせから求められるトレードオフ線上の組み合わせは効率的ポートフォリオとされています。

　現時点においては日本債券と新興国株式の組み合わせを保有することは理にかなっていると思われます。

第2部　加入者は自分で資産管理する

> 日本債券と新興国株式市場に投資する投資信託を持てばよいというわけですね。

> あくまで，自分の判断で決めて下さいね。私が出来ることは情報の提供です。A子さんの個人別管理資産の運用結果についての責任を負うことができませんからね。私の市場分析の結果は過去情報に基づくもので未来を予測しません。算出手法も完全なものとはいえません。

> 過去情報とはいえ，どの市場に投入すべきかはこれまでの教えてもらったことが参考になります。成功確率のような情報を提供してもらわないと，到底，素人には運用は出来ません。

> アドバイザーが出来ることは，現時点において，言えることと言えないことを区別して情報を提供することぐらいです。もっとも，情報の提供を行わなければ，運用が出来ませんから，膨大な無関心層が生まれて市場が成り立たなくなります。いわゆる，情報の非対称性を解消する努力がアドバイザー側に必要だと思っています。

第6章 市場に関する基礎情報を知る

図表2-42

過去20年(1992年1月～2011年12月)240個の観測データを使用した場合におけるシミュレーション結果，所要年度別到達回数

年目	3	4	5	6	7	8	9	10	合計
ポート1					175	3,154	4,861	1,543	9,733
ポート2			21	654	2,257	2,810	2,118	1,137	8,997
ポート3		25	632	1,834	2,339	1,935	1,320	773	8,858

石津作成

図表2-43

過去20年(1992年1月～2011年12月)240個の観測データを使用した場合におけるシミュレーション結果，所要年度別累積到達確率

年目	3	4	5	6	7	8	9	10
ポート1					1.75%	33.29%	81.90%	97.33%
ポート2			0.21%	6.75%	29.32%	57.42%	78.60%	89.97%
ポート3		0.25%	6.57%	24.91%	48.30%	67.65%	80.85%	88.58%

石津作成

第2部　加入者は自分で資産管理する

> 目標額に到達したらリセットするという，アドバイスはよくわかりましたが，仮に10年間保有し続けたらどうなりますか？10年間，保有を継続した方が良いとは言えないのですか？これまでの説明で，リスクが増大するわけですから，収益も増大することになるわけでしょう。

> おっと，すばらしいです。理解がすすみましたね。では，10年後のポートフォリオの資産がどのような分布になるか見てみましょう。

10年間投資を続けた場合

　目標額に到達する成功確率はわかりましたが，10年間保有し続けた場合に資産額はどの程度成長するかを知りたいという加入者のために，10年後（120ヵ月後）のポートフォリオの資産価格を計算してみました。

　シミュレーションの計算手順は6－5節において各市場についてのシミュレーション結果で求めた方法と同じです。補論3を参照して頂きたいと思います。

　図表2-44は，過去10年（2002年1月～2011年12月）120個の月次収益率を使用し，ポート1（日本債券0.8＋新興国株式0.2）に毎月1万円を10年間継続した場合の10年後の資産価格を表しています。

　平均値（Mean）は142.1万円になり，最小値（Minimum）が86.1万，最大値（Maximum）が209.9万円，リスク（標準偏差，Std.Dev.）が16.2万円となっています。

　図表2-45は，過去20年（1992年1月～2011年12月）240個の月次収益率を使用し，ポート1（日本債券0.8＋新興国株式0.2）に毎月1万円を10年間継続した場合の10年

第6章 市場に関する基礎情報を知る

図表2-44

ポート1に毎月1万円を10年間継続した場合，10年後の分布
過去10年（2002年1月～2011年12月）120個の月次収益率を使用

Series:	Z120X
Sample	1 10000
Observations	10000
Mean	142.0711
Median	141.7351
Maximum	209.8837
Minimum	86.11476
Std. Dev.	16.24461
Skewness	0.087823
Kurtosis	3.082622
Jarque-Bera	15.69917
Probability	0.000390

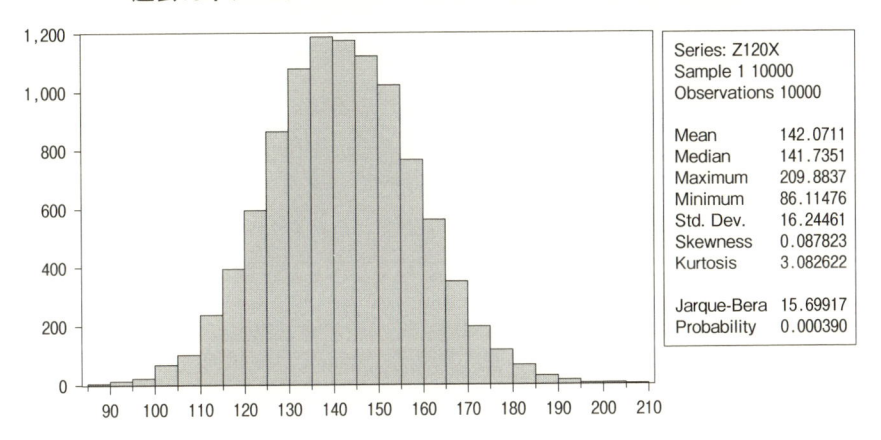

図表2-45

ポート1に毎月1万円を10年間継続した場合，10年後の分布
過去20年（1992年1月～2011年12月）240個の月次収益率を使用

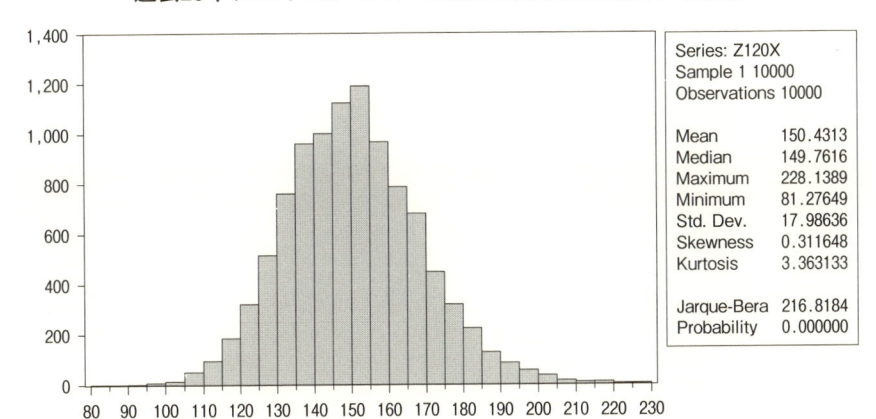

Series:	Z120X
Sample	1 10000
Observations	10000
Mean	150.4313
Median	149.7616
Maximum	228.1389
Minimum	81.27649
Std. Dev.	17.98636
Skewness	0.311648
Kurtosis	3.363133
Jarque-Bera	216.8184
Probability	0.000000

第 2 部　加入者は自分で資産管理する

後の資産価格を表しています。

　平均値(Mean)は150.43万円になり，最小値(Minimum)が81.3万，最大値(Maximum)が228.1万円，リスク(標準偏差，Std.Dev.)が18.0万円となっています。

　図表2-43と図表2-44に顕著な差は見られません。

　元本である120万円を超える確率は過去10年で91.58％(筆者計算による)，過去20年で96.46％(筆者計算による)と高く，グラフが左右対称形を示しています。リスクが小さいポートフォリオであることがわかります。

　図表2-46は，過去10年(2002年1月～2011年12月)120個の月次収益率を使用し，ポート2(日本債券0.5＋新興国株式0.5)に毎月1万円を10年間継続した場合の10年後の資産価格を表しています。

　平均値(Mean)は172.2万円になり，最小値(Minimum)が46.6万，最大値(Maximum)が502.9万円，リスク(標準偏差，Std.Dev.)が53.1万円となっています。

　図表2-47は，過去20年(1992年1月～2011年12月)240個の月次収益率を使用し，ポート2(日本債券0.5＋新興国株式0.5)に毎月1万円を10年間継続した場合の10年後の資産価格を表しています。

図表2-46

ポート2に毎月1万円を10年間継続した場合，10年後の分布
過去10年(2002年1月～2011年12月)120個の月次収益率を使用

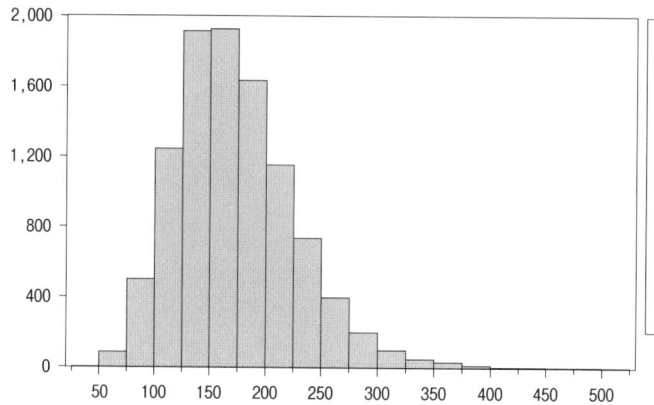

Series: Z120X	
Sample 1 10000	
Observations 10000	
Mean	172.2454
Median	165.7227
Maximum	502.8513
Minimum	46.61778
Std. Dev.	53.14293
Skewness	0.790992
Kurtosis	4.244351
Jarque-Bera	1687.952
Probability	0.000000

第6章　市場に関する基礎情報を知る

図表2-47

ポート2に毎月1万円を10年間継続した場合，10年後の分布
過去20年（1992年1月～2011年12月）240個の月次収益率を使用

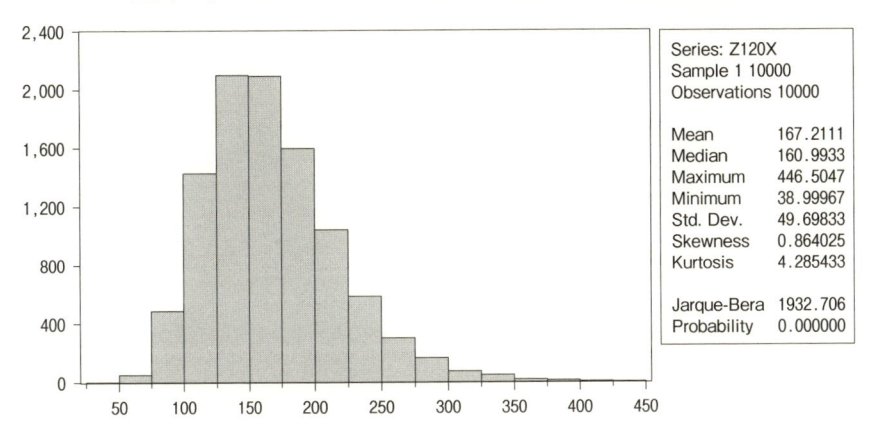

```
Series: Z120X
Sample 1 10000
Observations 10000

Mean        167.2111
Median      160.9933
Maximum     446.5047
Minimum      38.99967
Std. Dev.    49.69833
Skewness      0.864025
Kurtosis      4.285433

Jarque-Bera 1932.706
Probability    0.000000
```

　平均値（Mean）は167.2万円になり，最小値（Minimum）が39.0万，最大値（Maximum）が446.5万円，リスク（標準偏差，Std.Dev.）が49.7万円となっています。

　元本である120万円を超える確率は過去10年で83.89%，過去20年で84.70%と高く，資産額が左右対称型の山形ではなく，右に歪んでいます。リスクが中程度のポートフォリオであることがわかります。

　図表2-48は，過去10年（2002年1月～2011年12月）120個の月次収益率を使用し，ポート3（日本債券0.2＋新興国株式0.8）に毎月1万円を10年間継続した場合の10年後の資産価格を表しています。

　平均値（Mean）は227.4万円になり，最小値（Minimum）が19.3万，最大値（Maximum）が1,337.9万円，リスク（標準偏差，Std.Dev.）が122.3万円となっています。

　図表2-48は，過去20年（1992年1月～2011年12月）240個の月次収益率を使用し，ポート3（日本債券0.2＋新興国株式0.8）に毎月1万円を10年間継続した場合の10年後の資産価格を表しています。

　平均値（Mean）は195.6万円になり，最小値（Minimum）が23.3万，最大値（Maximum）が979.1万円，リスク（標準偏差，Std.Dev.）が99.2万円となっています。

第2部　加入者は自分で資産管理する

図表2-48

ポート3に毎月1万円を10年間継続した場合，10年後の分布
過去10年（2002年1月〜2011年12月）120個の月次収益率を使用

Series: Z120X
Sample 1 10000
Observations 10000

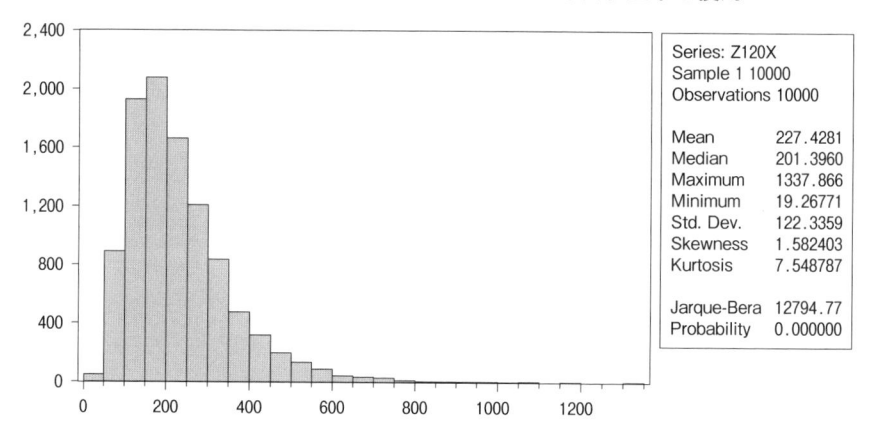

Mean	227.4281
Median	201.3960
Maximum	1337.866
Minimum	19.26771
Std. Dev.	122.3359
Skewness	1.582403
Kurtosis	7.548787
Jarque-Bera	12794.77
Probability	0.000000

図表2-49

ポート3に毎月1万円を10年間継続した場合，10年後の分布
過去20年（1992年1月〜2011年12月）120個の月次収益率を使用

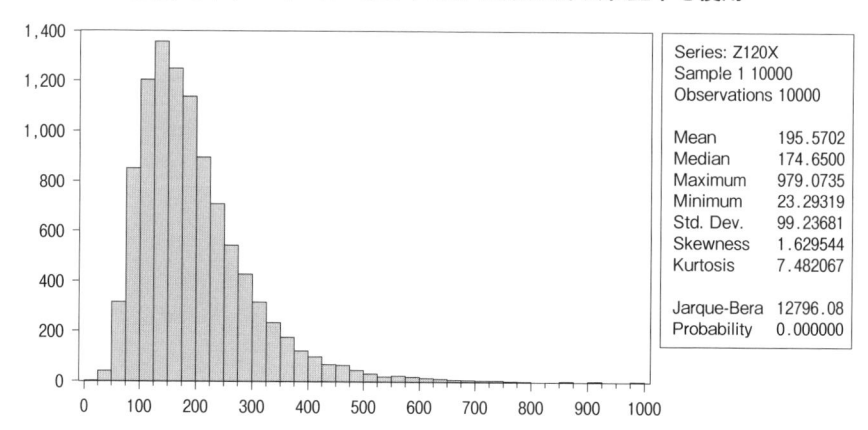

Series: Z120X
Sample 1 10000
Observations 10000

Mean	195.5702
Median	174.6500
Maximum	979.0735
Minimum	23.29319
Std. Dev.	99.23681
Skewness	1.629544
Kurtosis	7.482067
Jarque-Bera	12796.08
Probability	0.000000

第6章　市場に関する基礎情報を知る

　元本である120万円を超える確率は過去10年で81.69％，過去20年で78.60％となっています。
　資産額が左右対称型の山形ではなく，右に大きく歪んでいます。リスクが大きいポートフォリオであることがわかります。

coffee break

アドバイザーの現場では

　情報の非対称性という言葉をA子さんとの対話で私は使っています。情報の非対称性とは一体どのような事を言うのでしょうか。
　中古車市場では買い手が中古車の品質を知ることができないとき，良品の中古車が粗悪品と同じ価格で販売されて，やがて良品の中古車が流通しなくなるとされています。その結果，最終的には市場が成り立たなくなる恐れがあります。いわゆる「市場の失敗」です。このように，売り手と買い手の情報の格差があることを情報の非対称性と呼び，環境問題として論じられています。
　私は，確定拠出年金の現場において情報の非対称性があるのではないかと思っています。法令により導入企業側に投資教育義務を課しているだけではこの情報の非対称性は解消できないのではないかと思っています。今日，確定拠出年金の加入者は450万人を超えていることから，ある意味，金融教育に関する環境一般問題として取り上げるべきで，関与先の社会的責任として情報提供のあり方や発信方法など真剣に考えるべき時が来ていると思います。
　私は，個別の運用商品のベンチマークとして使われている市場の動向を表す指数の提供と，それに基づいて算出される月次収益率などのリスク・リターンに関する定量情報，および市場別の成功確率など，運用の基礎情報が提供できる環境が必要だと思っています。本書は私なりの試

第 2 部　加入者は自分で資産管理する

みです。
　また，確定拠出年金制度に関して，一般社会人向けに講義を行っている大学を私は知りません。教育機関側の積極的な取り組みがあっても良いのではないかと思われます。もっとも，公務員や大学を含む教育セクターに所属する方は共済年金加入者ですから，確定拠出年金の加入者になれず，自分の問題として取り組む必要がありません。

第3部

手続きについて

第7章

60歳前に会社を辞めた時

　図表3-1は，企業型確定拠出年金の加入者が60歳に到達する前に何らかの事情で退職した場合の確定拠出年金の取り扱いを示したものです。

図表3-1

60歳前に退職した場合

➢ 60歳前の中途退職の場合は，その後の立場によって選択肢が変わります。

退職後の立場	確定拠出年金制度上の取り扱い
自営業者・無職	個人型確定拠出年金加入*2 or 個人型確定拠出年金運用指図者*3
会社員／企業年金*1 有／企業型確定拠出年金 有	企業型確定拠出年金加入
会社員／企業年金*1 有／企業型確定拠出年金 無	個人型確定拠出年金運用指図者*3
会社員／企業年金*1 無／企業型確定拠出年金 有	企業型確定拠出年金加入
会社員／企業年金*1 無／企業型確定拠出年金 無	個人型確定拠出年金加入*2 or 個人型確定拠出年金運用指図者*3
公務員 会社員・公務員の配偶者	個人型確定拠出年金運用指図者*3

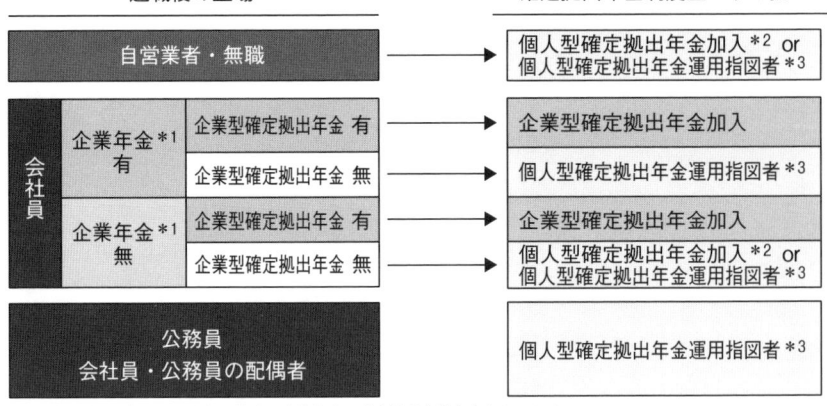

＊1 「企業年金」は，厚生年金基金，適格年金、確定給付企業年金をさします。
＊2 「個人型確定拠出年金加入」は，個人で掛金を拠出して確定拠出年金に加入することです。掛金は所得控除となります。
＊3 「個人型確定拠出年金運用指図者」は，掛金の拠出を行わず，年金資産の運用指示のみ行うことになります。

厚生省資料より

第7章　60歳前に会社を辞めた時

退職後におかれた立場から順番に説明していきます。

7－1 ◆ 自営業者や無職となった場合

企業型の加入者が退職し自営業者や無職となった場合には、国民年金の2号被保険者から1号被保険者となります。図表3-1を参照して下さい。退職とともに企業型の年金口座が閉鎖され、運用されていた商品はすべて解約されて現金化されます。そして、現金化された個人別管理資産を新たな受け皿である個人型確定拠出年金に移し換える必要が生じます。

1）個人型の運営管理機関を選定します。個人型の運営管理機関の選定については後に述べます。

2）選定した運営管理機関のコールセンターに問い合わせて、個人型口座を開設する手続書類を取り寄せます。本人確認が要求されますので、加入者自らがコールセンターに問い合わせをします。このときに、

・第1号加入者となる→毎月の掛け金を投入する
・運用指図者となる→毎月の掛け金は投入しない。運用のみ行う。

の2通りの選択がありますので、加入者はどちらかを選択して書類を取り寄せます。

第1号加入者となって毎月資金を投入する

加入者となり、企業型で積み上がった個人別管理資産に追加資金を拠出して、老後の生活資金として活用したいという選択をしたとしましょう。次の5種類の書類を整えて個人型の運営管理機関に送付します。書類は、印鑑レスになっておらず、すべての書類で認印の押印が必要です。

①「確認書」
　確認書とは個人型で口座を開設し取引を開始する承諾書のことです。
②「個人別管理資産移換依頼書」
　企業型の個人別管理資産を個人型の口座に移し替える書類です。個人の基礎

123

第3部　手続きについて

年金番号，企業型の登録番号承認の記載欄がありますので，あらかじめ，企業型の資格喪失通知書または年金手帳等を準備して記入します。特に，企業型資格喪失書は退職後しばらくして退職者に運営管理機関から郵送で自宅に届きます。基礎年金番号や企業型の資格取得日，資格喪失日，企業型の登録番号が記載されていますので，個人型への移換手続きにおいて重要書類となります。紛失しないように気を付けて保管します。

③「企業型確定拠出年金または他の個人型年金に係る運営管理機関からの移換資産運用配分設定申込書」

②で移し換えた時点でどの運用商品を購入するかを決めます。この設定申込書には運用商品の一覧が記載され，並行して割合を記入する欄が設けられています。例えば，日本債券に50％，世界債券に30％，新興国株式に20％，というように投入割合を100％になるように記載します。

④個人型年金加入申出書(第1号被保険者用)

毎月，新たな掛金を投入することを申し出る書類です。最低掛金が5,000円／月〜最高掛金が68,000円／月の範囲内で，口座引き落としされますので，銀行印を押印します。第1章で説明したように，掛金の全額が所得控除となり，節税積立となります。

⑤個人型年金掛金運用配分設定申込書

上記③と同じ内容の書類です。④で決めた毎月の掛け金でどの運用商品をどの割合で購入するかを決めます。

運用指図者となる場合

運用指図者となって，毎月の掛け金を投入しないことを選択した場合には，コールセンターに個人型運用指図者となることを知らせて，次の3種類の書類を取り寄せることになります。

①「確認書」

上記と同じ書類。

②「個人別管理資産移換依頼書」

上記と同じ書類。
③「企業型確定拠出年金または他の個人型年金に係る運営管理機関からの移換資産運用配分設定申込書」
上記と同じ書類。

運用指図者とは運用のみを行うことになります。個人型においても，企業型と同じように，月次ベースで運用商品を移し換えることができますので，第1章で説明したスイッチングにより個人別管理資産を運用することになります。

7−2 会社員になった場合

再就職して勤め人になった場合には，再就職先の企業年金の導入の有無により，次の3つのパターンに分かれます。
　第1に，再就職先の企業が，確定拠出年金を導入している場合。
　第2に，確定拠出年金を導入していないが，厚生年金基金等の他の企業年金を導入している場合。
　第3に，企業年金を一切導入していない(確定拠出年金も厚生年金基金等の他の企業年金を導入していない)場合。

再就職先が確定拠出年金を導入している場合

再就職先の企業が確定拠出年金を導入している場合は，再就職先において新たに企業型口座が開設されますので，旧勤め先の企業型口座から新企業型口座へ個人別管理資産を移し換える手続きを行います。再就職先の確定拠出年金の運営を行っている運営管理機関から2つの書類を取り寄せます。
①「個人別管理資産移換依頼書」
　上記と同じ書類。
②「企業型確定拠出年金または他の個人型年金に係る運営管理機関からの移換資産運用配分設定申込書」
　上記と同じ書類。

第3部　手続きについて

　書類の整え方は，個人型に資産を移し換える時と全く同じです。移換先の情報が違うのみです。

　引き続き企業型の加入者となりますから，企業からの拠出金に対して掛金の配分設定を行い，さらにマッチング拠出を行えば自らの掛け金を上乗せできます。

再就職先が確定拠出年金を導入していないが他の企業年金を導入している場合

　再就職の企業が，確定拠出年金を導入していないが厚生年金基金等の他の企業年金を導入している場合には，個人型の運用指図者になります。個人型の加入者になれず，毎月の掛け金を投入することができなくなります。法的に述べると，個人型の加入者資格を失うことになります。前職での個人別管理資産を個人型に移し換えて運用のみを行うことになりますので，確定拠出年金による老後の生活資金づくりが中断されます。

　手続きは次の通りです。

　1) 個人型の運営管理機関を選定します。

　2) 選定した運営管理機関のコールセンターに問い合わせて，運用指図者となることを知らせて個人型口座を開設する手続書類を取り寄せます。本人確認が要求されますので，加入者自らがコールセンターに問い合わせをします。

　次の3種類の書類を取り寄せることになります。

　①「確認書」

　　上記と同じ書類。

　②「個人別管理資産移換依頼書」

　　上記と同じ書類。

　③「企業型確定拠出年金または他の個人型年金に係る運営管理機関からの移換
　　資産運用配分設定申込書」

上記と同じ書類。

　運用指図者とは運用のみを行うことになります。個人型においても，企業型と同じように運用商品を移し換えることができますので，第1章で説明したスイッ

チングにより個人別管理資産を運用することになります。

再就職先が企業年金を導入していない場合

　再就職先が，確定拠出年金も厚生年金基金等の他の企業年金も一切導入していない場合には，個人型第2号加入者となります。この場合，厚生年金保険に加入しており国民年金上第2号被保険者ですから，第2号加入者と呼んでいます。これに対して，自営業者や無職になった場合には，国民年金の第1号被保険者が加入する個人型ですから第1号加入者と呼んで区別しています。

　第1号加入者と第2号加入者の違いは，掛金の上限に違いがあります。すなわち，第1号加入者が68,000円／月であるのに対して，第2号加入者は23,000円／月とされています（平成24年9月1日現在）。その他の，制度上の違いはありません。

　手続きは次の通りです。自営業者や無職になった場合とよく似ていますが，一部違いがあります。

　1）個人型の運営管理機関を選定します。

　2）選定した運営管理機関のコールセンターに問い合わせて，個人型口座を開設する手続書類を取り寄せます。本人確認が要求されますので，加入者自らがコールセンターに問い合わせをします。このときに，

・第2号加入者となる→毎月の掛け金を投入する

・運用指図者となる→毎月の掛け金は投入しない。運用のみ行う。

の2通りの選択があり，提出書類が違ってきますので，あらかじめどちらかを選択するかを決めておきます。

第2号加入者となる場合

　加入者となり，企業型で積み上がった個人別管理資産の上乗せを継続することにより老後の生活資金に備えたいという，選択をしたとしましょう。次の6種類の書類を整えて個人型の運営管理機関に送付します。個人型1号への移換の手続きは5種類の書類でしたが，⑥番目の「事業所登録申請書兼第2号加入者に係る事業主の証明書」が追加書類として必要となります。

第3部　手続きについて

①「確認書」

　上記と同じ書類。

②「個人別管理資産移換依頼書」

　上記と同じ書類。

③「企業型確定拠出年金または他の個人型年金に係る運営管理機関からの移換資産運用配分設定申込書」

上記と同じ書類。

④個人型年金加入申出書(第2号被保険者用)

　毎月，新たな掛金を投入することを申し出る書類です。最低掛金が5,000円／月〜最高掛金が23,000円／月の範囲内で，1,000円単位で増減できます。口座引き落としされますので，銀行印を押印します。第1章で説明したように，掛金の全額が所得控除となり，節税積立となります。

⑤「個人型年金掛金運用配分設定申込書」

　上記と同じ内容の書類です。

⑥「事業所登録申請書兼第2号加入者に係る事業主の証明書」

　個人型第2号の加入者資格を証明する重要な書類です。申出者が厚生年金保険の被保険者であること，企業年金(厚生年金基金，確定給付企業年金，適格退職年金および石炭鉱業年金基金)の対象者でないこと，企業型確定拠出年金の加入者でないこと，を事業主が証明するものです。また，掛金の納入方法を事業主払込とするか，個人引き落としとするかを明確にします。なお，事業主はこの書類の作成に協力する義務が法令で課せられているにもかかわらず，この書類の作成を渋る事業主がいるようです。事業主は制度の趣旨を理解し，申出者に協力しないといけません。

(2枚のサンプル帳票を掲載：「個人型年金加入申出書(第2号被保険者用)」，「事業所登録申請書兼第2号加入者に係る事業主の証明書」)

運用指図者となる場合

　運用指図者となって，毎月の掛け金を投入しないことを選択した場合には，上記，確定拠出年金を導入していないが他の企業年金を導入している場合とまったく同じ手続きを踏むことになります。
　すなわち，手続きは次の通りです。
　1）個人型の運営管理機関を選定します。
　2）選定した運営管理機関のコールセンターに問い合わせて，運用指図者となることを知らせて個人型口座を開設する手手続書類を取り寄せます。本人確認が要求されますので，加入者自らがコールセンターに問い合わせをします。
　次の3種類の書類を取り寄せることになります。
　①「確認書」
　　上記と同じ書類。
　②「個人別管理資産移換依頼書」
　　上記と同じ書類。
　③「企業型確定拠出年金または他の個人型年金に係る運営管理機関からの移換資産運用配分設定申込書」
　　上記と同じ書類。

7－3 ◆ 公務員等になった場合または会社員及び公務員の配偶者になった場合

　再就職先で共済組合・私立学校教職員共済制度の組合員や加入者となった場合を公務員等と呼んでいます。会社員及び公務員の配偶者になった場合とは，国民年金の第3号被保険者となったときのことをいいます。退職後に公務員等または会社員及び公務員の配偶者になった場合には，確定拠出年金の加入者資格を失います。従って，掛金を投入することが出来ず，運用指図者となります。国民年金の第3号被保険者として継続した場合，運用指図者として個人別管理資産を60歳

第3部　手続きについて

まで保有し続けることになります。

　手続きは，運用指図者となる場合と同じです。

◇◇◇◇◇◇◇◇◇◇◇◇◇◇◇◇◇◇◇◇◇◇◇◇◇◇◇◇◇◇◇◇◇◇◇◇

　私は，退職して結婚して転勤がありますから，未来の夫の扶養になる予定です。運用指図者になり，加入者資格を失うわけですね。

　そうです。60歳まで扶養のままでいれば，運用指図を続けるのみです。

　掛け金を投入すれば全額所得控除になって節税積立が出来るのですが，それが出来ないわけですね。老後の生活資金対策にならないですね。いろいろ石津さんから説明を聞いて，興味が湧き，日本債券と新興国株式を組み合わせて運用を始めてみたいと思い始めたところなのに…。

　仕組みが変わらない限りどうしようもできません。政府に働きかけて加入者資格を得られるように制度を変える努力をするしか方法はないです。

　もし，私が年をとって，例えば，50歳過ぎて「がん」などの生死にまつわる重い病気にかかった場合，治療費として自己負担が重なったしても，現在の制度では個人別管理資産を引き出して使うことは出来ないのですね。

残念ですが、そういうことになります。

第8章

給付について

8－1 ◆ 通則

　給付の種類は，老齢給付金，障害給付金，死亡一時金の3種類あります。給付を受ける権利は，その権利を有する人(受給権者)の請求に基づいて，取扱機関である，銀行や証券，保険会社などの運営管理機関が裁定します。運営管理機関は給付の決定を行うと同時に，信託銀行などの資産管理機関に通知して，資産管理機関から受給権者に支払いが行われます。

　給付を受ける権利は，譲り渡し，担保に提供，差し押さえることができないものとされています。ただし，老齢給付金および死亡一時金を受ける権利については国税滞納処分により差し押さえることは可能とされています。障害給付金については，その性格上，税金が課せられることはありません。

　3種類の給付金を受ける権利(受給権)は個人別管理資産がなくなったときはいずれも失権します。

8－2 ◆ 老齢給付金

60歳に到達すると個人別管理資産を老齢給付金として取り崩すことが出来ます。

第8章 給付について

しかし，すべての人が，60歳から老齢給付金を受け取ることができるわけではありません。支給要件として通算加入者等期間が設けられています。

通算加入者等期間

60歳以上61歳未満の人は10年以上，61歳以上62歳未満の人は8年以上，62歳以上63歳未満の人は6年以上，63歳以上64歳未満の人は4年以上，64歳以上65歳未満の人は2年以上，65歳以上の人は1月以上，の通算加入者等期間を有することが支給要件となります。

従って，例えば，確定拠出年金の加入時の年齢が57歳の人は，60歳まで3年間の加入者期間を有することになりますから，64歳に到達しないと老齢給付金の裁定請求は出来ないことになります。

通算加入者等期間とは，企業型及び個人型の加入者または運用指図者であった期間の合算した期間をいいます。

70歳到達時の支給

加入者であった人が老齢給付金の支給を請求することなく70歳に達したときは，信託銀行等の資産管理機関は，銀行や証券，保険会社などの運営管理機関の裁定に基づいて，老齢給付金を支給することになります。

加入者であった人は，60歳から70歳の間までに，自分の都合の良いタイミングで受け取れば良いことになります。

一時金または年金

老齢給付金は一時金として受け取るか，または，年金(分割払い)として受け取ることが可能です。一時金として受け取るときは退職所得となりますので，加入者の通算期間に応じて，退職所得控除が適用されます。

仮に，加入者期間が30年ある人は，加入者期間が20年までは退職所得控除が40万円／年，20年を超えると80万円／年の控除額(平成24年9月1日現在の税制)が得られますから，合計で1,600万円までは所得が発生しませんから，全額非課税で

受け取れることになります。

年金で受け取る場合には公的年金等控除の対象となります。

8－3 ◆ 障害給付金

加入者または加入者であった人が，国民年金法で規定する障害1級・2級に該当した場合には，運営管理機関に障害給付金を請求することが出来ます。一時金または年金(分割払い)として受け取ることが可能です。

8－4 ◆ 死亡一時金

死亡一時金は，加入者または加入者であった人が死亡したときに，その人の遺族に，信託銀行などの資産管理機関が運営管理機関の裁定に基づいて支給することになります。

遺族の範囲と順位

死亡一時金を受け取る遺族は，公的年金と同様に，受給権者の範囲と順位が法令により決められています。民法の相続法に優先して適用されます。死亡一時金を受け取ることが出来る遺族の範囲と順位は次のとおりです。

　①配偶者
　②子，父母，孫，祖父母および兄弟姉妹であって死亡した人の収入によって生計を維持していたもの
　③②に掲げる人のほか，死亡した人の収入によって生計を維持していた親族
　④子，父母，孫，祖父母および兄弟姉妹であって死亡した人の収入によって生計を維持していなかったもの

そして，死亡一時金を受け取ることができる遺族に同順位者が2人以上いるときには，死亡一時金はその人数によって等分され支給されることになります。

死亡一時金を受けることができる遺族がいないとき，または，死亡後5年間，死亡一時金の裁定請求が行われなかったときには，死亡した人の個人別管理資産

は民法の相続財産とみなされます。

第9章

脱退一時金

　脱退一時金は60歳まで途中引き出しは出来ないという原則に対する例外措置ですが，実務的には重要です。引き出したい加入者が多いと思われるからです。2つのケースがあります。

9－1◆　個人型の記録会社又は国民年金基金連合会へ請求する

　企業型年金の資格を喪失した後に(＝退職後に)，個人別管理資産が15,000円を超えるケースでは，次の7つの要件に該当すると，脱退一時金を受け取ることが出来ます。

1. 60歳未満であること
2. 企業型確定拠出年金の加入者でないこと(一定の勤続年数又は年齢に到達しないことにより加入者とならない方，企業型年金加入者にならないことを選択した方を含みます)。
3. 個人型確定拠出年金の加入資格がないこと
4. 障害給付金の受給権者でないこと
5. 通算拠出間が3年以下であること又は請求した日における個人別管理資産の額が50期万円以下であること
6. 最後に個人型確定拠出年金加入者または企業型確定拠出年金加入者の資格

第9章　脱退一時金

を喪失した日から起算して2年を経過していないこと
　7．企業型確定拠出年金において脱退一時金の支給を受けていないこと
　特に，重要なのは，上記3．個人型確定拠出年金の加入者資格がない，という要件です。これに該当する人は，通常5通りに区分出来ます。
　第1に，自営業者や学生，無職の方（国民年金の第1号被保険者）で，ご自身の申請により国民年金保険料の納付が免除された方，
　　・全部または一部免除申請
　　・学生納付特例申請
　　・生活保護による法廷免除申請
　第2に，主婦などの扶養になった方（国民年金の第3号被保険者）
　第3に，新たな勤務先に，企業型の確定拠出年金制度がなく，厚生年金基金・確定給付企業年金などの企業年金がある方（国民年金の第2号被保険者）
　第4に，公務員や私学教職員などの共済組合・共済制度の加入者になった方（国民年金の第2号被保険者）
　第5に，海外へ転出される方（住民票の除票手続きをされた）
　会社を辞めて，独立したいと思ったときに，国民年金の保険料の免除申請を行って，脱退一時金を独立資金として活用できることになります。もっとも，個人別管理資産が50万円以下という一律制限がありますから，それほど役に立たないと思われるかもしれませんが，少なくとも30万円以上あれば会社設立資金として活用出来ます。
　また，健康を害して止むを得ず生活保護の適用を受けるにいたった人は国民保険料の免除申請を行って，脱退一時金を受けとることが出来ます。

9－2 ● 企業型の記録会社へ請求する

　企業型年金の資格を喪失した後に（＝退職後に），個人別管理資産が15,000円以下になるケースがあります。この場合，元の勤務先の記録会社に直接請求を行って受け取ります。

第３部　手続きについて

　就業規則で３年以上勤務実績がない従業員には退職金を支払わないとしているため，企業型の規約で３年以上経過しないと受給権が取得できないように規定しているケースが多く見受けられます。

　例えば，２年と半年間勤務した(30ヵ月間)後に退職した加入者が，運用商品でリスクが高い株式投資信託を選択していたため，たまたま，運用益が１万円生じていました。勤務先がこの退職者のために30ヵ月分拠出した掛け金の総額が，退職後に全額拠出した企業に返還されますから，運用益額である１万円をこの加入者が脱退一時金として記録会社に請求して受け取ることが出来ます。尚，言うまでもないことですが，運用損が発生した加入者は損失額を企業に変換する必要はありません。

　資格要件は次のとおりです。

　①確定拠出年金の加入者または運用指図者でないこと

　②個人別管理資産額が15,000円以下であること。

　③最後に企業型確定拠出年金の加入者としての資格を喪失してから６ヵ月(資格喪失日の属する月の翌月から起算して)を経過していないこと。

第10章

その他の問題

10－1 ● 個人型の運営管理機関の選択

　個人型の運営管理機関としてどこを選択したら良いのでしょうか。商品及びコストを意識すべきというのが私の結論です。金融情報の提供を行っているモーニングスター社のホームページから，個人型401ｋの取扱機関に関して比較情報を得ることが出来ます。商品の数，コストの安い順番に，上位62社のリスト（平成24年9月1日現在）が得られます。但し，これらは無料のインターネット情報であり，予告なしに変更されることもあり，数値に信頼性を求めることはできません。
　このリストをみると，銀行，証券，保険会社など日本のほとんどの金融機関が個人型を取り扱っていることがわかります。身近な金融機関を選択したいと思われるかもしれませんが，実際にあたってみると，身近な取り扱い窓口では取り扱われていないことに気が付きます。取扱部署は本部組織（地方の本店をおく地銀等を除いて東京に立地）に集中しており，書類の受付等はインターネットまたは郵送で行うことになります。問い合わせは，コールセンターで集約されます。典型的な取扱機関はゆうちょ銀行です。身近な郵便局の窓口では取り扱っていません。
　インターネットで個人型のサイトをクリックすると，取扱商品は確認できますが，コストについての記載は少ない印象を受けます。そこで，私は，上記リスト

第3部　手続きについて

を参考にして2～3社程度絞り最終的に詳細を比較して決めていくことをすすめています。

商品について

商品の数について31本～7本の間で分布しています。国内株式型，国内債券型，海外株式型，海外債券型，バランス型，その他，の項目で分類されています。第2章で各市場別の基礎情報の提供を試みましたが，私は基本商品として各市場別にパッシブ型とアクティブ型の両方の投資信託が用意されることが望ましいと考えています。

また，投資信託は市場全体を購入する商品であることから，成長性が期待できる新興国株式市場を投資先とする投資信託を品揃えすべきでしょう。

従って，元本確保型として定期預金，年金商品の2本，元本変動型として国内株式型，国内債券型，海外株式型，海外債券型，新興国株式型，で各パッシブ型5本，アクティブ型5本，合わせて12本の投資信託が確定拠出年金の基本商品として用意されるのが望ましいと考えています。

バランス型というのは，各市場の組み合わせをあらかじめ設定している商品でアクティブ型です。コストの高い商品であり，加入者にとってバランス型が優先されて準備されるべき理由はないと思われます。

コストについて

個人型確定拠出年金のコストは運営管理機関によって異なります。コストに占める割合が最も大きいのは月額の口座管理料です。私が知る限り，最低コストは315円／月です。その他，資産管理サービスを行う信託銀行に月額63円，加入者の場合(毎月の掛け金を行う)は，国民年金基金連合会への100円／月支払います。運用指図者は毎月の掛け金はありませんから，国民年金基金連合会への支払いはありません。これらのコストは，個人別管理資産から控除されます。

従って，個人型確定拠出年金のランニングコストは，加入者の場合で最低でも5,736円／年(478円／月)，運用指図者で4,536円／年(378円／月)かかることになり

ます。運営管理機関によっては口座管理料が450円を超えるところがあり，7,000円／年を超えてしまいます。

その他，企業型から個人型へ資産を移換するときに初期費用がかかります。

個人別管理資産が50万円を超えると口座管理料を無料とする取扱機関がありますので注目されます。

筆者は，口座管理料を無料とする運営管理機関と利害関係はありませんが，一般的に，個人別管理資産が50万円以上で無料とする運営管理機関を選定すること，個人別管理資産が50万円未満の場合には，加入者となって少なくとも50万円を超えるまで毎月資金を投入して年金資産を形成しておくこと，などをアドバイスしています。

10－2 ◆ 自動移換

退職後，企業型年金の資格喪失した翌月から起算して6ヵ月間，個人型に移換する手続きを行わなかった人は個人別管理資産が自動的に現金化（投資信託等の口数を全数量解約し現金化する）され，国民年金基金連合会に移し換えられます。これを，自動移換と呼んでいます。

今日，自動移換件数が多いので自動移換問題と呼ばれています。国民年金基金連合会の事業報告によれば，平成23年3月末時点で，自動移換者の合計は，263,939人で管理資産額は559億円7,600万円となっています。同じ時期，個人型へ正規の手続きを経て移換したもの合計は295,862名ですから，約2人に1人は自動移換者となっています。対策をとらなければますます増えることが予想されます。

自動移換者を法令では「その他のもの」として位置付けています。自動移換の状態では現金資産として管理され，資産の運用ができない，管理手数料がかかる，加入者等期間に算入されない，などの不利益をこうむることとなります。また，自動移換手数料が自動的にかかりますから，加入者にとってメリットとなることはありません。

第3部　手続きについて

自動移換通知を受け取った場合には，自動移換専用コールセンター(03-5958-3736，平日9：00～17：30，記録会社のひとつである日本インベスター・ソリューション・アンド・テクノロジー株式会社が，特定運営管理機関として，国民年金基金連合会から自動移換者の記録を管理する業務の委託を受けている)などに連絡をとり，速やかに，個人型へ移換する手続きを取ります。

事業主においては，自動移換者をださないように退職者に対する確認書を取りつけるようになっていますが，制度の周知徹底を図る必要があることは言うまでもありません。

一方で制度上の改善を行う必要があると思われます。

自動移換問題は厚生年金基金と同じように勤め先を退職した時に資金を受け取れるようにすれば解決すると思われます。同じ，企業年金であるにもかかわらず，厚生年金基金が退職時に受け取れますが，一方で，確定拠出年金は退職時に受け取れないようでは公平性に欠けると言えましょう。

(サンプル帳票を掲載：「確定拠出年金　個人別管理資産の移換に関する説明　確認書」)

── coffee break ──

看護師が転職時に残した言葉

転職時において個人別管理資産を企業型から個人型へ切り替える手続きの説明を行っていた時でした。ある看護師が，60歳まで資産の引き出しが出来ないことは知っていますが，がんなどの治療費が必要な病気になった時に，個人別管理資産を取り崩して治療費として使えないとは問題ではないかと真剣に私に訴えました。

「今は元気だから良いですよ。でも，50代になってがんになって働けなくなったらどうするんよ！お金が要るときに使えないなんて，これは，本当に問題ですよ！」

私は，アドバイザーとして返す言葉がありませんでした。
　彼女は，日頃，看護師として看護の現場で体験している事実を訴えていると思いました。制度の見直しは必要不可欠だと痛感させられた一瞬でした。

補論

補 論

1 ◆ 日米制度比較

わが国の確定拠出年金制度は俗称日本版401kと呼ばれている通り、元々米国の確定拠出年金として中心的存在である401kプラン(「フォー・オー・ワン・ケイ・プラン」と発音されます)をモデルとしています。しかし、日本で最終的に成立した確定拠出年金制度は、実は米国のものとは異なるかたちのものとなっています。

この節では、米国の制度の歴史を若干振返った後に、現状での日米比較を行います。

制度の成り立ち

わが国では、2001年6月の確定拠出年金法の成立によって導入されましたが、米国での成立は、同様のプロセスを介したものではありませんでした。

401kとは、わが国の国税法にあたる米国の内国歳入法(Internal Revenue Code)第401条k項のことで、この条項自体は、1978年に制定されています。この条項は、もともと、企業が従業員に対してボーナスのような臨時的な報酬を、その年ではなく将来払い出すことを条件として約束した場合に、その報酬(「プロフィット・シェアリング」と言います)に対する当年の課税を繰り延べることを許容するものでした。繰延べを許容することについては、さまざまな条件が付されていました。

その条件を見たテッド・ベナ(＊)というコンサルタントが、その条件を満たすような年金制度を顧客企業に提案しました。その制度では、従業員が税引き前の資金で毎月外部積立を行い、それに企業がマッチング拠出をするものとされました。ベナは、401k条項を盾に国税当局である内国歳入庁と交渉、これら従業員と企業の拠出を、従業員が最終的に引出しするまでは課税しないことを認めさせました。今では、このベナ氏は、「401kの父」と呼ばれているそうです。

これがきっかけとなり、その後、これをビジネスチャンスと見た金融業界のさかんな商品化や販売努力があって、今やこの401kプランが、米国での年金制度の中心的存在になったのです。したがって、401kプランの成立については、成立日を特定できないのですが、その歴史は約30年余りということが言えそうです。

この制度が急速に普及した背景にはこの他に、従来型の確定給付型の年金制度が抱える企業による運用リスクに企業自身が耐え切れなくなっていたこと(2006年のGMの経営破綻の大きな要因のひとつがこのことでした)、また、401kという確定拠出年金が、小さな企業でも、非常に安いコストで設定、運営できるものであったことなどがありました。

なお、401kプランは、民間企業の従業員に対して供与されるものですが、同種の制度で公立学校教員、非課税法人等向けの403bプラン、公務員等のための457プランがあります。基本的には、401kプランと同様の制度ですが、部分部分では、適用されるルールが異なる場合があります。

2012年6月末現在では、401kプラン等の資産規模は、3兆2,900億ドル(263.2兆円、換算レート@80円／米ドル)となっています。個人向けの確定拠出年金であるIRA (Individual Retirement Account＝個人貯蓄口座)5兆1,260億ドル(410.1兆円、換算レート@80

146

円／米ドル）と合計すると8兆ドルを超える巨大な市場となっています。
(ICI=Investment Company Institute HP より)

日本の制度との比較概観

　この米国の制度をお手本にしてできたはずの日本版401kは，米国の制度とは異なるものとなりました。
　まず，米国の制度が，「従業員が自らの自由意志で拠出するかしないかを決め，企業が場合によっては従業員拠出に応じたマッチング拠出をする」ものであるのに対し，日本企業が多く行っている企業型年金は，「企業が原則一律に拠出し，企業がマッチングを許容する場合は，従業員がマッチング拠出を行う」となっており，拠出ならびにマッチングの主体が，米国＝従業員，わが国＝企業という逆のかたちになっています。日本版401kは，実は，お手本となって米国版401kとは似て非なるものだと言うことがお分かり頂けたと思います。
　最近少しずつ普及が始まった選択制確定拠出年金は，米国の制度と同様，従業員が自身の判断で，拠出するしないを決定するというもので，こちらの方が，本家のものにずっと近い形式になっています。あえて「日本版401k」という言葉を使うなら，この選択制制度についての呼称とすべきであって，一般に行われている企業型年金を「日本版401k」と呼ぶのは，いささか問題があるのではと考えています。

拠出の種類と課税について

　わが国の制度では，確定拠出年金に拠出される資金は，税引き前の資金で，これが天引きされます。もともと，これと同様に，税引き前の資金のみを拠出することを許容していた米国の制度ですが，2006年の改正で，規約に定めれば，税引き後の資金の拠出も許容されることとなりました。したがって，米国の制度では，ひとつのプランに，性質の異なる2つの資金が拠出されることになりますが，これらは，課税の違いもあり別々の口座で分別管理されています。
　課税については，税引き前の資金，税引き後による拠出ともに，運用益（インカムゲイン，キャピタルゲイン）への課税が，実際に引出しを行うまで繰延べられます。引出し時の課税は，税引き前資金による拠出分に対しては，元利金すべてが，税引き後資金による拠出分に対しては，利益相当分に対して行われます。
　なお，拠出限度額(後出)については，税引き前と税引き後の拠出額合計に対して課せられます。

拠出限度額について

　わが国の企業型での拠出限度額が51,000円であるのに対し，米国では，個人の拠出は暦年で1万7,000ドルまでとなっています。また，暦年中に50歳に到達あるいはすでに50歳を超えている従業員については，「キャッチアップ(Catch-up)」と呼ばれる追加拠出が暦年で5,500ドルまで認められます。
　企業のマッチングやプロフィット・シェアリング(規約で定めて制度に対して拠出され

補　論

る臨時ボーナス的な報酬)の合計額は，暦年で従業員の年間収入の25％を超えてはなりません。さらに，個人拠出，マッチング，プロフィット・シェアリングの合計額は，従業員の年間収入の100％または50,000ドルのいずれか低い方を上回ってはならないと定められています。(なお，「キャッチアップ(Catch-up)」分については，この上限も5,500ドル引上げられます)

例えば，年間5万ドルの収入を得ている35歳の社員ならば，以下のようになります。
・個人拠出限度　　　　　　　　　17,000ドル
・個人と会社の拠出額合計の限度：　29,500ドル (50,000 x 25% +17,000)

年間10万ドルを得ている52歳の社員ならば，以下のようになります。
・個人拠出限度　　　　　　　　　22,500ドル (17,000+5,500)
・個人と会社の拠出額合計の限度：　47,500ドル (100,000 x 25% +22,500)

これら拠出額限度は，インフレの状況により，500ドル単位で変更されることとなっています。

運用について

わが国における確定拠出年金資産の運用は，預金，保険契約，投資信託等があり，内訳としては，元本確保型商品が51.4％，投資信託商品が48.3％という調査があります。(「確定拠出年金加入者の投資運用実態調査」，2004年12月，NPO確定拠出年金教育協会)この種の調査結果は，あまり出回っておらず，ここに掲げたデータもかなり古いものです。しかし，この調査後，リーマンショックが起こっており，より従業員の保守化傾向(＝元本確保型商品を選ぶ傾向)が大きくなっているのではないかと推測されます。

同列には論じられないものの，米国では，401kプランの資産に占める投資信託の比率は，61％となっています。この比率は，2000年末の49％から2007年には60％と上昇し，リーマンショック直後の2008年末には56％に低下しましたが，2012年6月末には61％と，再度上昇しています。

少し古いデータですが，EBRI (Employee Benefit Research Institute)の調査では，401kプランの内訳は，次のようになっており，両国の確定拠出年金制度参加者の投資態度の違いが見て取れます。

　　　　　株式ファンド：　　　　41％
　　　　　自社株：　　　　　　　9％
　　　　　バランスファンド：　　17％
　　　　　債券ファンド：　　　　11％
　　　　　元本安定型資産：　　　13％
　　　　　マネーファンド：　　　5％

(Employee Benefit Research Institute,"Issue Brief", No.350, November 2010)

資産の引出し

わが国の制度では、資産の引出しは60歳までは原則できません。また、確定拠出年金への加入期間の長さが10年を下回る場合は、下回る年数に応じて、引出し開始年齢が引き上がっていきます。

米国の場合も、一定年齢に達するまでは、原則として資産を引き出せないという点は、同様ですが、この一定年齢が59歳1/2である点と、一定のやむを得ない事情(hardship)がある場合に、認められる点が日本の制度と異なります。内国歳入庁のホームページを見ると、以下のようなものが、こうした緊急時の止むを得ない状況での引出しとされています。また、こうした費用は、緊急かつ負担の重いものでなければならないとされています。
・一定の医療費
・主たる住居の購入に係る費用
・授業料および教育関連費用
・主たる住居からの立ち退き、またはその強制執行を回避するために必要な支払い
・埋葬または葬儀費用
・主たる住居に対する損害の修復のための一定の費用

事業主は、これらを規約で認めることができますが、一部または全部について、許容しないことも可能です。

また、このような引出しについては、課税の繰延べはなくなし、通常の税率での課税と、10％のペナルティーが掛けられます。

こうした税務上の不利益を避けることを目的として、多くのプランでは、プラン資産からの借入れが認められています。この借入れには一定の利息が付されるものとされます。この支払利息は、支払われた後、プランの資産となります。

借入れの期間は、5年を超えないこと(主要な住居の購入の場合は、より長い期間が認められます)とされ、返済は借入期間中一定額となることとされています。借入れの条件については、事業主がより厳しい条件を付すこともできることとされています。

借り入れた社員からの返済が滞った場合は、引出しをされたものと見なされ、前出の通常の税率と10％のペナルティーが課せられます。

資産の最低引出しルール

わが国の確定拠出年金では、70歳までには資産の引出しを開始する必要があることが定められています。

一方、米国では、70歳1/2に達した暦年の4月1日、または最後の職場を退職した年の4月1日の遅い方までに、資産の引出しを開始することと定められています。70歳1/2に達していても、現役で就業している場合は、引出しをしなくてもよいわけです。また、引出しの最低金額(RMD＝Required Minimum Distribution)も定められており、年齢によって平均余命を基に規定されています。

この引出しルールは、税引き前資金で積み立てられた資産についても、税引き後の資産で積み立てられた場合にも適用されます。もし、定められた年齢から定められた引出しを

補 論

しない場合，引き出すべきであった金額の50％という非常に大きなペナルティーが課されることとなっています。

退職後の手続き

　わが国の制度の場合，企業型に加入していた従業員が転職した場合や，自営業となった場合等に，必ず前雇用主の確定拠出年金からは脱退し，転職先の企業型年金があればその制度に，なければ個人型に移行することを求められます。この手続きを怠ると，資産は半年後に国民年金基金連合会に移管されます。

　ところが，米国では，資産を前の職場の401kプランに残すこともできます。日本の場合には，移管に伴い，資産の現金化が必要となりますが，米国の場合はそうなっていないわけです。

　但し，積立金額が1,000ドル以下の場合は，前の職場が強制的に資産を支払うこととされています。これを「Force-out」(「強制解約」の意)と呼んでいます。この場合は，退職した従業員は，資産を転職先のプランに移す，IRAに移す，現金で受取る，のいずれかを行わなければなりません。

その他の違い

Automatic Enrollment（自動加入）

　わが国の企業型(選択制を除く)の場合は，確定拠出年金制度への加入資格の備わった従業員全員に対し，事業主が拠出を一定の条件のもとに行われるので，従業員自らが参加するしないを決めるわけではありません。ところが，米国の401kプランは，この節でご紹介した通り，拠出するしないを，従業員自らが決めることとなっています。

　企業側では，2つの理由で，広く従業員がプランに参加してくれないと困る事情があり，長年参加率の向上に苦慮し，かつその努力をしてきました。理由のひとつめは，コスト対効果の問題です。

　従業員のために退職金制度を新設するため，事業主は多くの時間とコストをかけて制度とつくるのですが，加入する従業員がほとんどいないという状態になれば，その時間とコストは，無駄になってしまうということです。また，制度が存続する以上，当局(IRSや労働省)に対する報告義務は残り，また，これらを行う事務に関するものも含め，継続的にコストが発生するというものです。

　今ひとつは，Non-Discrimination Test（非差別テスト）と呼ばれるものの存在です。これは，制度に税の繰延べを認める税制メリットを許容する条件として，IRC401k項は，制度が所得の高い従業員のみを優遇するものであってはならないということを定めています。従業員をHighly Compansated Employees（HCE=高額所得者）とNon-Highly Compansated Employees（NHCE=非高額所得者）2つのグループに分類し，前者の平均拠出率が後者の平均拠出率を一定程度(現在は20％)上回ってはならないという規定です。このため，事業主は，通常貯蓄意欲の低いNHCEの参加率を上げる努力をしなければなりません。特に，若年労働者で，所得水準の低い従業員を加入させるには，多くの事業主が苦労してきた歴史が，401kの歴史といっても過言ではありません。

こうした状況に大きな変化をもたらしたのが，2006年に法律で許容された Automatic Enrollment（自動加入）でした。

それまで，例えば一定の月数(例えば6ヵ月)の勤続月数が経過して，プランへの参加資格が生じた従業員に対し，制度説明を行い，加入の可否を問うていた事業主は，この Automatic Enrollment って，入社当時に制度説明を行い，参加しない意思をその時点で表明しない従業員は，条件を満たす勤続月数が経過すると自動的にプランに加入し，給与からの天引きも始まるというしくみになりました。これで，全米の401ｋプランの従業員参加比率が格段に上昇しました。

こうした歴史を持たない日本では，従業員にとってみれば，否応なく制度に加入することになるので，逆に有り難みが少ないと思っている従業員が多いのかもしれません。

一方で，米国では，自分の意思で加入する制度から，自動加入制度に転換している流れがあります。全員加入の方向性は共通しています。

おわりに

私自身は，わが国に確定拠出年金ができる直前の時期，米国に住んでいました。銀行員時代に，米国で，主に日系企業の現地法人相手に，401ｋプランのセールスを行っていた経験があったため，確定拠出年金制度創設前夜の日本から，さまざまな問い合わせを受けたことを思い出します。

その後，日本で制度が導入されると，そうした米国の制度への関心はすっかり薄れてしまいました。商工会議所が行っている DC プランナーの資格試験も，当初数回は，米国の制度の関わる問題が多く出題されていましたが，その内に，まったく姿を消してしまいました。

一旦制度ができてしまえば不要ということも，自然の流れかもしれません。しかし，この節に紹介したように，その後，米国の401ｋも制度の変更を行っています。例えば，50歳以上の従業員に許容される上限5,500ドルまでの「キャッチアップ」等はその例でしょう。従って，こうした制度比較を常に行い，制度改善の努力を行うことには，大きな意義があると考えています。

(東北大学卒　旧住友銀行出身　戸田博之記)

補 論

2 ● 制度上の改善項目

　確定拠出年金制度は，税制面において最大限の優遇措置が与えられています。また運用面において，投資信託を購入する際に申込手数料がかからない（低コストで購入できる）という仕組みがあること，また，毎月の掛け金の配分や資産の入れ換えなど，運用指図が自由に行えることなど，加入者にとってメリットが大きい仕組みとなっています。
　しかし，一方で，他の企業年金と比較して，途中引き出しが出来ないなど使い勝手が悪いところがあり，ここで改善点を指摘しておきたいと思います。なお，改善項目はすでに関係方面から厚生労働省に提言されているものです。

１．途中引き出しを可能にする

　年金資産（非課税資産）から貯蓄資産（課税資産）に切り替えて，資金の引き出しができるようにすべきでしょう。病気等の困窮者になった場合で，緊急避難的に資金が使えるようする必要があると思われます。資金の引き出しを認めていない現制度は，憲法で保障された財産を自由に処分する権利を侵害していないか懸念されます。
　また，途中引き出しが可能になることにより，自動移換問題が解消されることになります。他の企業年金はすべて中途退職時に自己都退職金を受け取れますが，確定拠出年金企業型は受け取れません。加入者にとって不公平な制度となっています。
　米国の制度においても緊急時など課税資産として引き出しが可能となっています。

２．サラリーマンに加入者資格を与える

　加入者資格の要件緩和を行うべきでしょう。勤め先に確定拠出年金の企業型が無く，厚生年金基金や確定給付型の企業年金などを導入している場合，個人型の加入者資格を失います。この措置を緩和して，加入者資格を付与すべきであると思われます。
　そもそも加入者資格を失う理由が見いだせないのではないでしょうか。勤め先が，企業型と厚生年金基金などの企業年金を同時に導入している場合は，従業員は加入者資格が付与されます。しかし，企業型が導入されていない企業に再就職した場合は，個人型の運用指図者になり加入者資格を失います。以後，年金資産形成が出来なくなります。一体，何のための個人型２号の制度なのでしょう。合理性に欠く制度ではないかと思われます。

３．主婦等に加入者資格を与える

　国民年金の第３号被保険者に対して個人型の加入者資格を有することを認めるべきでしょう。退職後に婚姻し夫の扶養になった場合，個人別管理資産を個人型に移換しますが，以後，運用指図者となって加入者になることは出来ません。60歳まで年金の資産形成を行えなくなり，長期にわたって運用指図のみを行うことになります。機会損失が長期にわたって起こります。何のための確定拠出年金なのか，疑問が生じます。

4．公務員などの共済年金加入者に加入者資格を与える

　共済年金や私学共済制度の加入者に対して，個人型の加入者を与えるべきでしょう。国民年金の第3号被保険者と同じ問題があります。退職後に共済年金や私学共済制度の加入者になった場合，個人別管理資産を個人型に移換しますが，運用指図者となり加入者になることは出来きなくなります。従って，60歳まで年金の資産形成が出来ません。これも合理性を欠く措置であると言わざるを得ません。

5．一時金を可能にする

　個人型，企業型を問わず，毎月の掛け金投入だけでなく，金額の範囲を決めて一時金の受け入れを認めるべきでしょう。例えば，米国のように1年間に拠出金の合計額を規定して(例えば300万円／年)，その上限に達するまで受け入れることが出来るようにしたらどうでしょうか。このような一時金を認めることで老後の資産形成を早めることが出来ると思われます。

6．加入者の年齢制限を65歳に延長する

　加入者の上限年齢を引き上げたらどうでしょう。現制度では，60歳で加入者資格を失うことになっています。高齢化の進展で定年延長が65歳に延長されています。確定拠出年金においても加入者資格の年齢上限を変更し，65歳までとすべきではないでしょうか。

7．特別法人税の撤廃を行う

　凍結が継続されているものの，特別法人税の廃止を行うことは言うまでもないことでしょう。個人が管理する確定拠出年金においてはこのような課税制度はそぐわないです。

補　論

3 ◆ ブロック・ブートストラップ法によるシミュレーションについて

ブートストラップ法について

　ブートストラップ法は1979年に Efron という統計学の学者が提唱し，定式化した手法です。名称は自分で靴ひも(bootstraps)を結ぶ，by (one's own) bootstraps (自力でことにあたる)に由来しているとされています。また，ブートストラップは，電源投入という最小限のアクションによって，計算機が自動的に起動するという意味をもち，計算機に基づく統計的な手法としてぴったりの名称とされています(汪金芳・田栗正章「統計科学のフロンティア11」岩波書店，計算統計1，「ブートストラップ法入門」)。

　ブートストラップ法は，母集団の分布型がわかっているかどうかに関係なく，最初に得られた観測データを利用して，そのデータから無作為による復元抽出(リサンプリング)によって最初のデータと同数のデータを多数回とり，最終的に母集団のもつ情報についての推測を行う方法です。

　従来の証券価格に関するファイナンスの基礎理論ではデータの分布をある特定の型にあてはまるものと仮定して取り扱います。オプションの価格計算モデルとして有名なブラック・ショールズ公式は正規分布を前提としています。ところが，実際の観測データは正規分布に帰属しません。観測データと仮定が不一致であることが広く知られています。

　本書で言えば，日本債券などの市場の代表値を示す月次収益率の分布は「正規分布」に帰属すると強引に仮定して，収益予測やリスクの測定を行うようなものです。

　図表H3-1は過去20年(1992年1月〜2011年12月)の日本債券の月次収益率の分布ですが，正規性の検定を行う Jarque-Bera 検定量は158.3536を示し，Ｐ値がゼロをしめしているよ

図表 H3-1

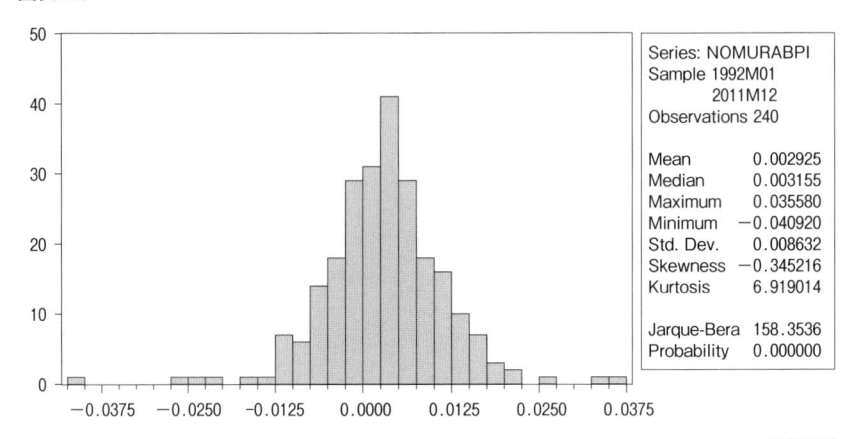

Series: NOMURABPI
Sample 1992M01
　　　　2011M12
Observations 240

Mean	0.002925
Median	0.003155
Maximum	0.035580
Minimum	−0.040920
Std. Dev.	0.008632
Skewness	−0.345216
Kurtosis	6.919014
Jarque-Bera	158.3536
Probability	0.000000

石津作成

3 ブロック・ブートストラップ法によるシミュレーションについて

うに，正規性は棄却されています。正規分布であれば，歪度(わいど，Skewness)がゼロで左右対称であり，尖度(せんど，Kurtosis)の値は3です。しかし，歪度(わいど，Skewness)が−0.3452で左に歪(ゆが)んでいます。また，尖度(せんど，Kurtosis)が6.9190＞3で尖(とが)っており，いわゆるファットテール型を示しています。

従って，正規分布に帰属させてリスクを推論すると誤った結果が導かれます。そこで，新たなアプローチが求められます。そのひとつとして，事前に分布の型を特定しない手法(ノンパラメトリック手法と呼ばれている)であるブートストラップ法があります。今日，幅広い分野で応用されるようになっています。

ブロック・ブートストラップ法について

本書で取り扱う観測データは，TOPIXや日本債券，世界株式や世界債券，新興国株式指数など，元データから算出された月次収益率で，時系列(Time Series)データです。1階の階差データなので定常性が認められ，自己相関は弱いことが推測されますが，前月と今月のデータになんらかの相関構造もしくは従属性があることが予想されます。今月のデータと来月のデータがまったく無関係であると仮定することは出来ないでしょう。単純なブートストラップ法では個別観測データを，独立性がありかつ同じ分布を持つ性質(independently and identically distributed，略してi.i.d.)と仮定し，無作為に復元抽出を行う方法ですので，そのため時系列データが持つ相関構造を破壊しかねません。

そこで，本書では，ブロック・リサンプリング法と呼ばれる手法で対応しました。時系列データ(標本)をブロックに分割し，得られたブロックの集合からのリサンプリングによって構成したリサンプルデータを使って各種の推測を行います。この手法によれば，時系列データを適当なサイズのブロックに分割し，ブロックごとリサンプリングを行うことで，ブロック内部では原系列の相関構造は保持されます。そのため，原系列によく似た性質をもつ時系列を構成できる可能性が高いといえます(汪金芳・桜井裕仁『ブートスラップ法入門』Rで学ぶデータサイエンス4，2011，共立出版)。

問題は，1ブロックにおけるデータの数ですが，本書では6個としました。すなわち，6ヵ月単位の月次収益率データを1ブロックとしました。6ヵ月単位とすれば，原系列の相関構造がある程度は保持されるのではないかと考えたからです。

過去10年の観測データ(2002年1月〜2011年12月)のケースであれば，データセット表として120ブロック用意し，各ブロックが6個ですから，720個のデータ表を作成しました。また，過去20年(1992年1月〜2011年12月)のケースでは，240ブロックですので，240×6=1,440個のデータ表を用意したことになります。

1ブロックが6ヵ月分ですから，10年間のシミュレーションでは120個のデータが必要で20ブロックを無作為抽出することになります。すなわち，過去10年のケースでは120ブロックから20個ほど乱数を発生させて20ブロックをリサンプリングします。また，過去20年のケースでは240ブロックから20個ほど乱数を発生させて20ブロックをリサンプリングします。

1回のサンプルパスで20個の乱数を発生させるので，1万回のサンプルパスを得るためには，20万個の乱数を発生させることになります。

補　論

　ブロック・ブートストラップ法は事前にモデルの仮定を必要としないという意味で，実践的です。しかし，どのような手法であれ，完全に記述できる手法というものはないと思われます。

　本書はブロックの長さとして6か月単位としましたが，これが最適化かどうかについて検証されているわけではありません。さらにいえば，そもそも，金融時系列データについては分布の型を知ることが出来ない「神のみぞ知る」世界でしょう。

　シミュレーションは Excel 2010の VBA（マクロ）を使っています。マクロに関する解説書を参考にしながら，試行錯誤を重ねてプログラムを構築しました。

　Excel 2010ではワークシートの Cell の行数が1,048,576まで拡張されているため，1万回のシミュレーションに十分対応できますが，乱数を発生させる Rnd 関数など精度に限界があるとされています。従って，完全なものではありません。

3　ブロック・ブートストラップ法によるシミュレーションについて

シミュレーション手順

　本書で行ったシミュレーション手順を下記に記します。シミュレーションの手順については、巻末の論文(高見茂雄「積立証券の成功確率―カーネル密度ブロックブートストラッピング法の適用2009年」)を参考にしています。
　手順①
　図表H3-2は新興国株式の月次収益率のデータセット表の一部です。0～119個の番号$\tilde{\alpha}$($0 \leq \tilde{\alpha} \leq 119$)を用意し、番号に対応させた証券収益率6個を割り当てたデータセット表を作成します。1列目から6列目に対応するのは月次収益率の時系列です。

図表 H3-2

新興国株式	$\tilde{\alpha}$	1	2	3	4	5	6
2002年1月	0	0.04387	0.04826	0.04043	−0.03210	−0.04400	−0.13507
2002年2月	1	0.04826	0.04043	−0.03210	−0.04400	−0.13507	−0.04455
2002年3月	2	0.04043	−0.03210	−0.04400	−0.13507	−0.04455	−0.02359
2002年4月	3	−0.03210	−0.04400	−0.13507	−0.04455	−0.02359	−0.05087
2002年5月	4	−0.04400	−0.13507	−0.04455	−0.02359	−0.05087	0.03708
2002年6月	5	−0.13507	−0.04455	−0.02359	−0.05087	0.03708	0.06685
2002年7月	6	−0.04455	−0.02359	−0.05087	0.03708	0.06685	−0.03352
2002年8月	7	−0.02359	−0.05087	0.03708	0.06685	−0.03352	−0.02768

2011年10月	117	0.14548	−0.09523	0.00018	0.04387	0.04826	0.04043
2011年11月	118	−0.09523	0.00018	0.04387	0.04826	0.04043	−0.03210
2011年12月	119	0.00018	0.04387	0.04826	0.04043	−0.03210	−0.04400

　例えば、番号0番($\tilde{\alpha}=0$)のブロックは、2002年1月～2002年6月までの月次収益率の時系列であり、番号1番($\tilde{\alpha}=1$)のブロックは、2002年2月～2002年7月までの月次収益率の時系列です。最後のブロックである番号119番($\tilde{\alpha}=119$)ブロックは、2011年12月と2002年1月～2002年5月の月次データで構成されています。

補　論

手順②

　1回のシミュレーションで，最小値0～最大値119の間で一様整数乱数を20個発生させ，図表H3-2において番号に対応させ，20×6列=120個の月次収益率の列を作成します。投資期間を10年としているので毎月1回10,000円の投資を行うこととし，1回のパスで合計120回，120万円の投資を行うものと仮定します。計算を容易にするため10,000円を1円とし，シミュレーションを行っています。

　図表H3-3のように，k番目($0 \leq k \leq 119$)に発生した一様整数乱数$\tilde{\alpha}^k$に，図表H3-2のデータセット表のブロック番号$\tilde{\alpha}$を割り当てて，証券収益率$\tilde{\varepsilon}^n$($1 \leq n \leq 120$)の列を作成します。

　証券収益率$\tilde{y}^k = \tilde{\varepsilon}^n$($1 \leq k \leq 120$, $1 \leq n \leq 120$)と置き，120個の証券収益率の列を作ります。

図表 H3-3

　　番号$\tilde{\alpha}$を，乱数を使って20個ほど無作為抽出する

　　　　　　　　⇩

　　データセット表から番号$\tilde{\alpha}$のブロックを呼び込み，20×6=120個の月次収益率の列を作成する

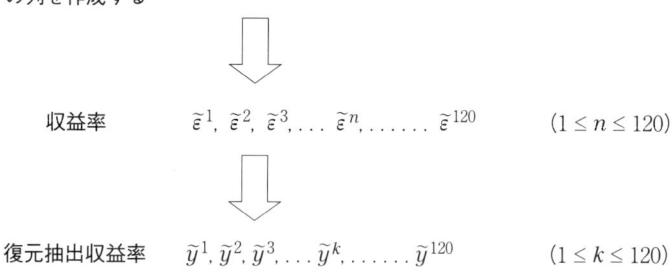

　　　　　　　　⇩

　　収益率　　　$\tilde{\varepsilon}^1, \tilde{\varepsilon}^2, \tilde{\varepsilon}^3, \ldots \tilde{\varepsilon}^n, \ldots \ldots \tilde{\varepsilon}^{120}$　　　($1 \leq n \leq 120$)

　　　　　　　　⇩

　　復元抽出収益率　$\tilde{y}^1, \tilde{y}^2, \tilde{y}^3, \ldots \tilde{y}^k, \ldots \ldots \tilde{y}^{120}$　　　($1 \leq k \leq 120$)

手順③

　手順②で求めた，証券収益率$\tilde{y}^k = \tilde{\varepsilon}^n$($1 \leq k \leq 120$, $1 \leq n \leq 252$)をポートフォリオの将来価値$\tilde{X}_k$($1 \leq k \leq 120$)を求める下記の(1)式に代入し，120個のポートフォリオの将来価値の列(サンプルパス)を1回求めます。

　すなわち，Excel 2010のワークシート上に，あらかじめ(1)式を記述しておき，Excelのワークシート関数のひとつである，VLOOKUP関数を使って手順③で復元抽出した120個の収益率の列を呼び込み，(1)式を記述したCellに代入することで，価格計算が可能となります。

　　$\tilde{X}_1 = e^{\tilde{y}^1}$

3 ブロック・ブートストラップ法によるシミュレーションについて

$$\widetilde{X}_2 = e^{\tilde{y}^1 + \tilde{y}^2} + e^{\tilde{y}^2}$$

$$\vdots$$

$$\widetilde{X}_k = e^{\tilde{y}^1 + \tilde{y}^2 + \cdots + \tilde{y}^k} + e^{\tilde{y}^2 + \tilde{y}^3 + \cdots + \tilde{y}^k} + \cdots + e^{\tilde{y}^{k-1} + \tilde{y}^k} + e^{\tilde{y}^k} \cdots\cdots\cdots\cdots\cdots\cdots (1)$$

$$\vdots$$

$$\widetilde{X}_{120} = e^{\tilde{y}^1 + \tilde{y}^2 + \cdots + \tilde{y}^{120}} + e^{\tilde{y}^2 + \tilde{y}^3 + \cdots + \tilde{y}^{120}} + \cdots + e^{\tilde{y}^{119} + \tilde{y}^{120}} + e^{\tilde{y}^{120}}$$

手順④

手順①②③を1万回繰り返し，1万個の列（1万個のサンプルパス）を求めます。1回のパスで120個のポートフォリオの将来価値 $\widetilde{X}_k$ を求めるので，合計で120万個のポートフォリオの将来価値 $\widetilde{X}_k$ 計算することになります。

ブートストラップ法では復元抽出回数が非常に重要で，一般的に2000回〜3000回程度が望ましいとされています。しかし，本書ではシミュレーションの回数を1万回と設定しました。

手順⑤

各パスで，最初に120円を超えたポートフォリオの将来価値の時点を観測し特定します。すなわち，初めて120円のバリアを超えた時点のセル値のみを残し，これ以降のポートフォリオの将来価値 $\widetilde{X}_k$ の値を消去します。こうすることで，1個のサンプルパスにおける，最初に120円バリアを超えた時点が1個確定できます。

注意すべきは，ポートフォリ将来価値 $\widetilde{X}_k$ が120円を超えたとしても，その後の収益率の変動で $\widetilde{X}_k$ が120円を下回ることもあります。例えば，(1)式において，月次収益率 $\tilde{y}^k$ がポートフォリオを構成するすべての証券価格に含まれているため，ポートフォリオ全体の価値が目減りすることがあります。事実，直近の2008年のリーマンショック直後の株価急落時には大幅にマイナスに振れました。このように，収益率の変動次第で $\widetilde{X}_k$ が大きく振れることが推測できます。

手順⑥

手順⑤で特定したポートフォリ将来価値 $\widetilde{X}_k$ を所要月次別に数えることで到達回数の把握ができます。その数を100で割ると確率情報値の分布が得られます。それが求める到達確率（確率情報値）です。

なお，過去20年（1992年1月〜2011年12月）の月次収益率を使う場合は，使用データが240個ですから，手順①の図表H3-2のデータセット表における番号 $\tilde{\alpha}$ が $(0 \leq \tilde{\alpha} \leq 239)$ となります。従って，乱数の範囲は整数0〜239の間で，20個発生させることになります。あとは，手順②〜手順⑥まで同じです。

因みに，10年間保有し続けた場合の資産額シミュレーションの求め方（本文の図表2-29以下）は，上記手順⑤，および手順⑥を省くことで求められます。

補　論

ポートフォリオの将来価値 $\tilde{X}_k$ を求める式の導出

上記(1)式の導出を行いましょう。

一般的に，ある商品に対する初期投入価格を S_0，売却価格を S_1 とすると，収益 R は次のように定義されます。

$$R = S_1 - S_0$$

従って，収益率 r は，収益 R を購入価格 S_0 で割った値となります。

$$\text{収益率} \quad r = \frac{R}{S_0} = \frac{S_1 - S_0}{S_0} = \frac{S_1}{S_0} - 1$$

ところで，e^r は次のように r の多項式（マクローリン級数と呼ばれている）で表せます。

$$e^r = 1 + \frac{r}{1!} + \frac{r^2}{2!} + \frac{r^3}{3!} + \cdots, \quad -\infty < r < \infty$$

r が十分小さい時には，近似式として，次のように最初の 2 項だけで表せます。

$$e^r = 1 + r \rightarrow r = e^r - 1$$

上記，収益率の定義より

$$\frac{S_1}{S_0} - 1 = e^r - 1$$

因って，$e^r = \frac{S_1}{S_0}$ となり，対数に変換すると $r = ln\left[\frac{S_1}{S_0}\right]$ となります。

ここで，収益率を $\tilde{y}^k$，証券価格を $\tilde{S}_k$ とすると，上記から収益率が証券価格の対数階差データとして定義されますので，次のように表記できます。

$$\tilde{y}^1 = ln\tilde{S}_1 - ln\tilde{S}_0$$

$$\tilde{y}^2 = ln\tilde{S}_2 - ln\tilde{S}_1$$

$$\vdots$$

$$\tilde{y}^{k-1} = ln\tilde{S}_{k-1} - ln\tilde{S}_{k-2}$$

$$\tilde{y}^k = ln\tilde{S}_k - ln\tilde{S}_{k-1}$$

ここでは $S_0 = 1$ ですから $ln\tilde{S}_0 = 0$ となります。従って，$\tilde{y}^1 \sim \tilde{y}^k$ の合計を求めると，斜線部分がキャンセルされて(2)式が得られます。

$$\tilde{y}^1 + \tilde{y}^2 + \cdots + \tilde{y}^{k-1} + \tilde{y}^k = ln\tilde{S}_k \quad \cdots\cdots\cdots\cdots\cdots\cdots\cdots\cdots\cdots\cdots\cdots\cdots\cdots\cdots\cdots(2)$$

因って，(2)式の対数 ln をとると，次式が得られます。

3 ブロック・ブートストラップ法によるシミュレーションについて

$$\widetilde{S}_k = e^{\bar{y}^1 + \bar{y}^2 + \cdots + \bar{y}^k} \quad (1 \leq k \leq 120) \quad \cdots\cdots(3)$$

(3)式は1回目に投入した1円の資金のk回目時点における証券価格を示しています。

同様に，(4)式は2回目に投入した1円の資金のk回目時点における証券価格を示しています。また，(5)式は3回目に投入した1円の資金のk回目時点における証券価格を占めしています。

$$\widetilde{S}_k = e^{\bar{y}^2 + \bar{y}^3 + \cdots + \bar{y}^k} \quad (1 \leq k \leq 120) \quad \cdots\cdots(4)$$

$$\widetilde{S}_k = e^{\bar{y}^3 + \bar{y}^4 + \cdots + \bar{y}^k} \quad (1 \leq k \leq 120) \quad \cdots\cdots(5)$$

上記のように，k回目までに投入した1円の証券価格$\widetilde{S}_k$の合計値がポートフォリオの将来価値$\widetilde{X}_k$であり，(3)，(4)，(5)式などで求めた証券価格の合計値となるので，(1)式が導かれます。

$$\widetilde{X}_k = e^{\bar{y}^1 + \bar{y}^2 + \cdots + \bar{y}^k} + e^{\bar{y}^2 + \bar{y}^3 + \cdots + \bar{y}^k} + \cdots + e^{\bar{y}^{k-1} + \bar{y}^k} + e^{\bar{y}^k} \quad \cdots\cdots(1)$$

補　論

【参考資料】

　ポート2（日本債券を50％＋新興国株式50％を保有するポートフォリオ，2002年1月～2011年12月，過去10年の120個の月次収益率を使用）を10年間持ち続けた場合の月次ベースでの資産額の分布状況を下記に掲載しておきます。

　表の見方は，例えば，Z80Xとは，80ヶ月目のポートフォリオの将来価値 $\tilde{X}_{80}$ の統計値を表します。平均値～標準偏差までの数値の単位は万円です。

　積み立てが進むにつれて，平均値，リスク（標準偏差），歪度（わいど），尖度（せんど）などの値がすべて増大しています。平均値が，元本120万円を超えているのはZ92Xで92ヶ月目（7年と8ヶ月目）であることがわかります。

	Z1X	Z2X	Z3X	Z4X	Z5X	Z6X	Z7X	Z8X	Z9X	Z10X
平均値	1.01	2.02	3.03	4.06	5.09	6.13	7.16	8.21	9.26	10.32
中央値	1.01	2.03	3.04	4.09	5.14	6.17	7.21	8.26	9.33	10.41
最大値	1.08	2.25	3.48	4.74	5.96	7.19	8.80	10.63	11.70	13.52
最小値	0.86	1.62	2.36	3.09	3.79	4.50	4.89	5.05	5.79	6.38
標準偏差	0.04	0.09	0.15	0.23	0.32	0.42	0.50	0.61	0.73	0.88
歪度	−0.76	−1.08	−0.95	−0.98	−0.97	−0.94	−0.60	−0.55	−0.56	−0.56
尖度	4.72	6.63	6.22	6.13	5.72	5.33	4.10	4.01	4.23	4.18
データ数	10000	10000	10000	10000	10000	10000	10000	10000	10000	10000

	Z11X	Z12X	Z13X	Z14X	Z15X	Z16X	Z17X	Z18X	Z19X	Z20X
平均値	11.39	12.48	28.18	14.63	15.71	16.81	17.92	19.04	20.14	21.26
中央値	11.49	12.56	28.34	14.72	15.81	16.95	18.06	19.18	20.24	21.39
最大値	14.69	16.24	37.99	20.29	22.36	23.86	25.49	27.06	28.44	30.82
最小値	6.95	7.61	16.85	8.24	8.73	9.31	9.85	10.38	11.32	11.85
標準偏差	1.03	1.18	2.65	1.42	1.57	1.77	1.97	2.17	2.29	2.46
歪度	−0.61	−0.59	−0.44	−0.41	−0.41	−0.40	−0.44	−0.43	−0.31	−0.26
尖度	4.23	4.16	3.77	3.70	3.68	3.61	3.62	3.66	3.55	3.45
データ数	10000	10000	10000	10000	10000	10000	10000	10000	10000	10000

参考資料

	Z31X	Z32X	Z33X	Z34X	Z35X	Z36X	Z37X	Z38X	Z39X	Z40X
平均値	34.05	35.22	36.44	37.68	38.93	40.16	41.33	42.53	43.76	45.04
中央値	34.22	35.41	36.58	37.81	39.01	40.22	41.36	42.49	43.70	45.01
最大値	52.25	54.55	59.42	60.78	64.28	66.19	68.66	70.21	73.24	76.74
最小値	16.56	15.49	15.72	16.92	16.58	17.11	18.36	19.94	21.02	21.52
標準偏差	5.05	5.25	5.52	5.84	6.21	6.44	6.64	6.91	7.22	7.59
歪度	−0.10	−0.07	−0.06	−0.05	0.02	0.05	0.09	0.12	0.12	0.13
尖度	3.22	3.19	3.17	3.12	3.12	3.12	3.13	3.10	3.10	3.12
データ数	10000	10000	10000	10000	10000	10000	10000	10000	10000	10000

	Z41X	Z42X	Z43X	Z44X	Z45X	Z46X	Z47X	Z48X	Z49X	Z50X
平均値	46.29	47.57	48.82	50.10	51.38	52.69	54.01	55.35	56.64	57.94
中央値	46.27	47.47	48.69	49.94	51.15	52.46	53.87	55.21	56.42	57.67
最大値	78.72	82.39	87.28	89.00	92.22	97.31	98.81	103.94	103.72	109.56
最小値	21.16	21.30	22.45	23.00	21.11	21.25	21.93	22.04	22.69	22.41
標準偏差	7.95	8.26	8.50	8.79	9.10	9.49	9.84	10.20	10.45	10.77
歪度	0.12	0.13	0.17	0.19	0.20	0.21	0.20	0.19	0.21	0.22
尖度	3.11	3.14	3.18	3.19	3.25	3.28	3.31	3.31	3.29	3.30
データ数	10000	10000	10000	10000	10000	10000	10000	10000	10000	10000

	Z51X	Z52X	Z53X	Z54X	Z55X	Z56X	Z57X	Z58X	Z59X	Z60X
平均値	59.24	60.61	62.01	63.39	64.71	66.09	67.43	68.85	70.30	71.73
中央値	58.92	60.29	61.72	63.15	64.35	65.71	67.01	68.41	69.91	71.32
最大値	111.10	116.75	118.56	121.53	129.12	123.37	127.80	128.40	131.44	136.21
最小値	22.50	23.01	24.03	24.49	21.93	22.05	23.38	23.58	25.10	26.65
標準偏差	11.15	11.59	12.01	12.42	12.73	13.03	13.44	13.90	14.36	14.83
歪度	0.23	0.24	0.24	0.23	0.25	0.25	0.25	0.26	0.27	0.29
尖度	3.30	3.29	3.31	3.25	3.25	3.23	3.23	3.23	3.25	3.30
データ数	10000	10000	10000	10000	10000	10000	10000	10000	10000	10000

補　論

	Z61X	Z62X	Z63X	Z64X	Z65X	Z66X	Z67X	Z68X	Z69X	Z70X
平均値	73.06	74.41	75.81	77.27	78.78	80.30	81.70	83.15	84.58	86.11
中央値	72.50	73.87	75.30	76.59	78.18	79.49	80.98	82.34	83.67	84.99
最大値	141.60	143.38	148.58	158.20	160.01	167.69	163.25	172.13	172.01	173.83
最小値	28.44	30.01	30.68	31.03	30.05	30.43	31.00	31.24	30.35	30.30
標準偏差	15.13	15.50	15.98	16.52	16.99	17.46	17.81	18.26	18.75	19.33
歪度	0.32	0.32	0.33	0.35	0.33	0.33	0.35	0.37	0.37	0.37
尖度	3.30	3.30	3.32	3.35	3.33	3.31	3.31	3.39	3.35	3.32
データ数	10000	10000	10000	10000	10000	10000	10000	10000	10000	10000

	Z71X	Z72X	Z73X	Z74X	Z75X	Z76X	Z77X	Z78X	Z79X	Z80X
平均値	87.66	89.19	90.66	92.16	93.67	95.30	96.90	98.50	99.97	101.42
中央値	86.81	88.14	89.53	91.04	92.48	93.86	95.49	97.01	98.40	99.70
最大値	182.12	187.57	185.41	190.27	202.55	204.54	214.02	214.98	210.05	216.83
最小値	31.50	31.68	32.04	32.89	31.28	31.00	32.60	32.54	32.09	33.33
標準偏差	19.92	20.42	20.78	21.27	21.74	22.36	22.90	23.51	23.83	24.28
歪度	0.38	0.37	0.38	0.39	0.39	0.39	0.39	0.40	0.40	0.41
尖度	3.34	3.32	3.30	3.30	3.33	3.32	3.33	3.33	3.31	3.31
データ数	10000	10000	10000	10000	10000	10000	10000	10000	10000	10000

	Z81X	Z82X	Z83X	Z84X	Z85X	Z86X	Z87X	Z88X	Z89X	Z90X
平均値	102.94	104.56	106.13	107.72	109.26	110.90	112.53	114.28	116.00	117.71
中央値	101.25	103.21	104.39	105.88	107.39	108.63	110.26	111.71	113.46	115.24
最大値	227.32	245.13	266.81	269.05	273.53	263.85	278.31	280.61	293.27	294.23
最小値	32.13	34.48	33.33	33.06	35.39	35.86	36.43	36.76	34.48	30.55
標準偏差	24.81	25.48	26.08	26.67	27.15	27.71	28.38	29.15	29.87	30.51
歪度	0.43	0.43	0.44	0.46	0.48	0.50	0.52	0.53	0.53	0.53
尖度	3.37	3.37	3.41	3.40	3.45	3.46	3.52	3.52	3.53	3.50
データ数	10000	10000	10000	10000	10000	10000	10000	10000	10000	10000

参考資料

	Z91X	Z92X	Z93X	Z94X	Z95X	Z96X	Z97X	Z98X	Z99X	Z100X
平均値	119.25	120.85	122.53	124.30	126.06	127.81	129.40	131.08	132.76	134.54
中央値	116.39	118.03	119.65	121.37	123.16	124.95	126.57	127.98	129.53	131.23
最大値	289.84	292.12	299.00	310.52	308.31	318.86	324.27	336.01	337.95	331.80
最小値	31.39	33.21	35.37	36.50	36.30	35.91	36.68	38.91	37.25	36.82
標準偏差	30.99	31.56	32.30	33.02	33.72	34.38	34.85	35.39	36.11	36.91
歪度	0.54	0.56	0.57	0.57	0.59	0.59	0.60	0.60	0.60	0.60
尖度	3.49	3.54	3.60	3.59	3.65	3.63	3.65	3.65	3.66	3.64
データ数	10000	10000	10000	10000	10000	10000	10000	10000	10000	10000

	Z101X	Z102X	Z103X	Z104X	Z105X	Z106X	Z107X	Z108X	Z109X	Z110X
平均値	136.37	138.18	139.91	141.56	143.31	145.19	147.24	149.16	150.94	152.64
中央値	133.15	134.64	136.23	137.86	139.65	141.33	143.14	144.79	146.65	147.99
最大値	354.11	374.51	382.60	393.10	403.64	399.10	391.76	374.86	373.88	394.59
最小値	38.50	38.24	40.59	40.87	41.50	41.78	42.02	43.25	45.65	41.64
標準偏差	37.76	38.64	39.16	39.77	40.48	41.35	42.33	43.12	43.60	44.24
歪度	0.60	0.62	0.63	0.65	0.66	0.67	0.67	0.66	0.67	0.69
尖度	3.68	3.73	3.74	3.84	3.90	3.90	3.87	3.83	3.82	3.90
データ数	10000	10000	10000	10000	10000	10000	10000	10000	10000	10000

	Z111X	Z112X	Z113X	Z114X	Z115X	Z116X	Z117X	Z118X	Z119X	Z120X
平均値	154.52	156.48	158.44	160.38	162.21	164.10	166.01	168.06	170.13	172.25
中央値	149.96	151.47	153.65	155.21	156.79	158.36	160.10	162.00	163.70	165.72
最大値	384.54	413.47	424.70	445.99	461.31	464.75	477.54	488.23	505.87	502.85
最小値	36.69	36.28	37.96	37.72	39.79	40.77	43.70	43.79	44.55	46.62
標準偏差	45.15	46.06	46.88	47.84	48.47	49.24	50.12	51.01	52.08	53.14
歪度	0.70	0.71	0.70	0.72	0.75	0.75	0.76	0.77	0.78	0.79
尖度	3.92	3.97	3.95	4.07	4.17	4.14	4.15	4.20	4.23	4.24
データ数	10000	10000	10000	10000	10000	10000	10000	10000	10000	10000

補　論

【参考文献等】

- 『確定拠出年金制度の解説』㈱社会保険研究所　2001年10月
- 日本経済新聞記事　「米企業年金　経営に重荷」2011年10月20日
- 厚生労働省のホームページ
- 財務省のホームページ
- 汪金芳・桜井裕仁『ブートストラップ法入門　Rで学ぶデータサイエンス４』共立出版　2011年
- 汪金芳・田栗正章『統計科学のフロンティア11　計算統計Ⅰ』第１部　ブートストラップ法入門　岩波書店　2003年６月
- 吉原健一『Excelによるブートストラップ法を用いたデータ解析』培風館　2009年12月
- 久保田博幸『債券と国債のしくみがわかる本』技術評論社　2011年８月
- 鈴木亘『財政危機と社会保障』講談社現代新書　2010年９月
- 高見茂雄「ドルコスト平均法投資におけるリスク・リターン把握」　日本ファイナンス学会第17回大会予稿集　2009年
- 高見茂雄「積立証券投資の成功確率－カーネル密度ブロックブートストラッピング法の適用」日本経営財務研究学会第33回全国大会研究報告要旨集　2009年
- 高本茂「証券収益率の非正規性と非線形性について」兵庫大学論集　第３号
- 東京大学教養学部統計学教室『自然科学の統計学』東京大学出版会　1992年８月
- 村中健一郎『EXCELで学ぶポートフォリオ理論の実践』社団法人金融財政事情研究会　2008年５月
- 北岡孝義・高橋青天・矢野順二『EViewsで学ぶ実証分析入門』基礎編　日本評論社　2008年９月
- 森棟公夫『計量経済学』東洋経済新報社　1999年８月
- 統計ソフトEViews7.0のマニュアル
- 蓑谷千凰彦『金融データの統計分析』東洋経済新報社　2001年10月
- 森棟公夫『統計学入門』新世社　2000年９月
- ジョン・ハル『フィナンシャルエンジニアリング〈第７版〉』社団法人金融財政事情研究会　2009年12月
- 石野雄一『ざっくり分かるファイナンス　経営センスを磨くための財務』光文社新書　2007年４月
- ベノワ・B・マンデルブロ高安秀樹監訳『禁断の市場』東洋経済新報社　2008年６月
- 奥田英太郎，佐藤啓『Excel VBA　セミナーテキスト2010/2007/2003対応』日経BP社　2011年７月
- 大村あつし『かんたんプログラミング　Excel VBA　2003　基礎編』技術評論社　2004年３月
- 大村あつし『かんたんプログラミング　Excel VBA　2003　応用編』技術評論社　2004年８月

参考文献等

- 大村あつし『かんたんプログラミング　Excel VBA　2003　コントロール関数編』技術評論社　2004年3月
- 前田智美『Excel VBA　ポケットリファレンス　Excel2010/2007/2003/2002/2000/97対応』技術評論社　2010年
- 田沼晴彦『手作り数学シミュレーション　グラフ機能とVBAプログラムを自在に繰る』ブルーバックス講談社　2004年1月
- 渡辺ひかる『Excel VBA　実用サンプルコレクション』ソフトバンクパブリッシング株式会社　2003年1月
- 立山秀利『Excel VBAのプログラミングのツボとコツがぜったいにわかる本』株式会社秀和システム　2007年10月

執筆者紹介

石津　則昭

2012年　広島大学大学院 社会科学研究科 社会経済システム専攻（ファイナンス）博士課程前期修了

（主たる経歴）
1979年　マツダ運輸広島入社（現　マロックス株式会社）
1992年　同上退社、ソニー生命保険株式会社にライフプランナーとして入社
1999年　同上退社、有限会社イシヅファイナンシャルサービス設立
現在に至る

（主たる業務）
保険代理店、経営管理サービス、退職金制度改革支援、
独立系ファイナンシャルアドバイザー（PWM日本証券株式会社の証券外務員）等の業務に従事している

（事務所所在地）
〒732-0066　広島市東区牛田本町3-4-13
電話082(511)2866　　Fax 082(511)2867
E-mail：ishizun@ishizu-s.com
（本書に関する問い合わせは上記メールまでお願いします）

日本版401k　確定拠出年金ガイドブック
（かくていきょしゅつねんきん）

2013年4月30日　1版1刷印刷　　2013年5月10日　1版1刷発行

著者―――石津則昭
発行者―――野澤伸平
発行所―――株式会社　山川出版社
　　　　　　〒101-0047　東京都千代田区内神田1-13-13
　　　　　　電話 03(3293)8131(営業)　　03(3293)8135(編集)
　　　　　　http://www.yamakawa.co.jp/　　振替 00120-9-43993
印刷所―――株式会社　太平印刷社
製本所―――株式会社　ブロケード
装幀―――株式会社　麒麟三隻館

©2013　Printed in Japan　　　　　　　ISBN978-4-634-07121-6
・造本には十分注意しておりますが，万一，落丁・乱丁本などがございましたら，
　営業部宛にお送りください。送料小社負担にてお取り替えいたします。
・定価はカバーに表示してあります。